Klaus Nowottnick

Kerzen ziehen und gießen

Klaus Nowottnick

Kerzen ziehen und gießen

Gestalten mit Wachs

Leopold Stocker Verlag
Graz – Stuttgart

Umschlaggestaltung:
DSR Werbeagentur Rypka GmbH / Thomas Hofer, 8143 Dobl/Graz, www.rypka.at
Titelbild: Mona Lorenz, Gmunden
Alle Bilder und Grafiken stammen, so nicht anders angegeben, vom Autor.

Der Inhalt dieses Buches wurde vom Autor und vom Verlag nach bestem Gewissen geprüft,
eine Garantie kann jedoch nicht übernommen werden. Die juristische Haftung ist ausgeschlossen.

Bibliografische Information der Deutschen Nationalbibliothek
Die Deutsche Nationalbibliothek verzeichnet diese Publikation in der Deutschen Nationalbibliografie;
detaillierte bibliografische Daten sind im Internet unter http://dnb.d-nb.de abrufbar.

Hinweis: Dieses Buch wurde auf chlorfrei gebleichtem Papier gedruckt. Die zum Schutz vor Verschmutzung
verwendete Einschweißfolie ist aus Polyethylen chlor- und schwefelfrei hergestellt. Diese umweltfreundliche
Folie verhält sich grundwasserneutral, ist voll recyclingfähig und verbrennt in Müllverbrennungsanlagen
völlig ungiftig.

Auf Wunsch senden wir Ihnen gerne kostenlos unser Verlagsverzeichnis zu:
Leopold Stocker Verlag GmbH
Hofgasse 5 / Postfach 438
A-8011 Graz
Tel.: +43 (0)316/82 16 36
Fax: +43 (0)316/83 56 12
E-Mail: stocker-verlag@stocker-verlag.com
www.stocker-verlag.com

ISBN 978-3-7020-1370-7
Layout und Repro: DSR Werbeagentur Rypka GmbH, 8143 Dobl/Graz
Druck: Druckerei Theiss GmbH., A-9431 St. Stefan

Inhalt

Klaus Nowottnick

Vorwort

Wachse begleiten uns unser ganzes Leben lang, auch wenn wir uns dessen nicht immer bewusst sind. Sie finden in vielfältigster Form und in verschiedenen Bereichen wie Industrie, Handwerk oder Haushalt Verwendung.

Sie erfahren in diesem Buch zunächst einiges über Herkunft und Geschichte der verschiedenen Wachse. Einen besonderen Schwerpunkt nimmt dabei natürlich das Bienenwachs ein.

Es ist immer noch das beliebteste Wachs und wird nach wie vor in großem Umfang verwendet. Für den Imker, der dieses Wachs mithilfe seiner Bienen gewinnt und aufbereitet, gibt es dazu ohnehin keine Alternative. Er benötigt dieses Wachs nach Durchlauf einiger Verarbeitungs-

stufen in Form von Mittelwänden wieder für seine Bienen, indem sie nach Einarbeitung in Rähmchen die Basis für den Bau neuer Waben sind. Das würden die Bienen zwar auch ohne Mittelwände tun, aber mit ihnen werden sie stabiler und brechen weniger leicht während des Schleuderns bei der Honigernte.

Neben dem Bienenwachs sollen auch andere Wachse, wie Paraffin, Stearin oder Carnaubawachs, hier kurz vorgestellt werden.

Danach widmet sich das Buch dem großen Gebiet der Kerzenherstellung, bei dem das Bienenwachs wiederum eine wichtige Rolle spielt. Denn obwohl heutzutage die meisten Kerzen aus Paraffin und Stearin hergestellt werden, zählt Bienenwachs nach wie vor zu den beliebtesten Wachsen für Kerzen. Grund dafür ist der angenehme Duft und das warme Licht, das eine besondere Atmosphäre und Sinnlichkeit verbreitet.

Der behagliche Schein brennender Wachskerzen sorgt für Heimeligkeit und Wärme im Wohnbereich, insbesondere in der dunklen Jahreszeit. Deshalb sind Kerzen während der Advents- und Weihnachtszeit praktisch unverzichtbar. Darüber hinaus beschäftigt sich das Buch auch mit der Fertigung von Gelkerzen.

Umfangreich dargestellt wird auch der Bereich der Salben- und Cremeherstellung, der Fertigung von Wachsauflagen, Lippenstiften und Pflegeprodukten.

Der wichtigste Anwendungsbereich von Wachsen ist jedoch die Industrie, gefolgt vom Handwerk. Im Rahmen der industriellen Verwendung wird vor allem die Selbstherstellung vieler Holzschutz- und Lederpflegemittel erläutert, die Rezepte werden zur besseren Darstellung von zahlreichen Fotos begleitet.

Das Buch kann aufgrund seines begrenzten Umfangs jedoch leider nicht das gesamte Spektrum zum Thema Wachs ansprechen.

Ich wünsche mir, dass dieses Buch viele Leser erreicht und einige Denkanstöße für eigene Ideen und Vorstellungen sowie deren Umsetzung bietet.

Klaus Nowottnick
Floh-Seligenthal, im September 2012

Geschichte der Wachse

Bienenwachs

Handel mit Bienenwachs

Im erweiterten Sinn werden Wachse als lipophile Stoffe (Substanzen, die sich gut in Fetten und Ölen lösen lassen oder selbst Fette und Öle gut lösen können und die zudem eine plastische Konsistenz haben) bezeichnet.

Stearin und Paraffin haben jedoch mit dem Wachs in seiner ursprünglichen Form wenig zu tun, da Paraffin ein Erdölprodukt ist und Stearin als technisches Produkt aus der Fettspaltung gewonnen wird. Letzteres ist ein Gemisch aus Stearin- und Palmitinsäure. Beide Säuren sind gesättigte Fettsäuren und kommen als Inhaltsstoffe verschiedener natürlicher Öle vor. Bienenwachs hingegen ist ein reines Naturprodukt.

Als Brennwachse finden alle zuvor genannten Wachse Verwendung. Den größten Anteil daran hat Paraffin, weil es billiger zu produzieren und in größerer Menge verfügbar ist, gefolgt von Stearin und Bienenwachs sowie Mischungen aus diesen Wachsen.

Die Geschichte der synthetischen Wachse fällt deutlich kürzer aus, sie werden auch überwiegend industriell verwendet.

Die Carnaubapalme aus Brasilien ist der Lieferant des begehrten Carnaubawachses. (Foto: Wiki)

Nur Carnaubawachs ist ein weiteres rein natürliches Wachs, aber in größerem Stil wird es auch erst seit ca. 150 Jahren verwendet. Wegen seines hohen Schmelzpunktes und seiner Härte ist es aus vielen Produkten nicht mehr wegzudenken.

Die Jahrtausende während Verwendung des Bienenwachses dominiert aus diesem Grund die nachstehenden historischen Betrachtungen. Sie zeigen, wie bedeutend Bienenwachs von der Antike bis in unsere Zeit ist.

Bienenwachs

Das Wachs der Bienen ist wohl das bekannteste Wachs. Seine Geschichte füllt viele Bücher und es hat seinen guten Ruf bis in die heutige Zeit erhalten. Es war das erste vom Menschen genutzte Wachs. Die anderen Wachse folgten, wie schon angedeutet wurde, erst im Laufe der Industrialisierung.

Seit Menschengedenken spielte Bienenwachs eine wichtige Rolle im täglichen Leben, in der Kultur und insbesondere in der Religion der verschiedenen Völker. Es war schließlich neben den einstigen Öllampen und Talgkerzen die einzige Lichtquelle bei Nacht und in der dunklen Jah-

reszeit. In den Religionen nimmt es heute noch eine herausragende Rolle ein. Auch in der Medizin des Altertums wurde Bienenwachs wegen seiner wärmenden Eigenschaften unter anderem für Wachsauflagen eingesetzt. Die moderne Medizin macht sich diese Erkenntnisse heute wieder zunutze.

Griechenland

Der griechische Historiker Herodot, der um 490 bis 430 vor der Zeitenwende lebte, schrieb, dass die Perser und Skythen die Leichname ihrer Verstorbenen mit Wachs einbalsamierten.

Der antike, griechische Arzt Aelius Galenus (* 129 oder 131 in Pergamon; † um 199, 213 oder 216 in Rom) war ein berühmter Arzt seiner Zeit. (Foto: Wiki)

Büste des berühmten griechischen Historikers Herodot (Foto: Wiki)

Die Griechen verwendeten Wachs unter anderem für Arbeiten im Bereich der Plastik. Man nannte sie Puppenbildner. Zwischen diesen Puppenbildnern und den Bildhauern gab es einen andauernden Wettstreit darüber, wer die besten Stücke fertigte. Den Wachshändler nannte man in Griechenland *keropoles*. Der bekannte griechische Arzt Galenus, der später auch der Arzt römischer Kaiser war, berichtete über die Herstellung von Heilsalben aus bzw. mit Bienenwachs. Im 6. Jahrhundert v. Chr. schrieb der Schriftsteller Alexander aus der Stadt Tralles über feuchte Wachsumschläge, Wachsmasken, Wachsperücken und Wachspomade zur Bezwingung widerspenstiger Haare. Auch das Siegeln mit Bienenwachs hatte einst eine sehr lange Tradition und man verwendete Holztäfelchen, die mit Bienenwachs bestrichen waren, zum Schreiben. Diese Wachstafeln werden hier später noch genauer beschrieben.

Aristoteles beschreibt, dass die Arbeitsbienen die unpassenden Spalten des Stockes verkitten und bei Tracht Waben bauen. Es sei deshalb günstig, den Bienen in dieser Zeit die Waben auszuschneiden, weil sie den Bau umgehend wieder erneuern.

Die Römer

Zur Zeit Kaisers Augustus hatte die Bienenhaltung einen hohen Stellenwert erreicht. Wachs diente auch den einfachsten Bedürfnissen des Haushalts. Aus Wachs wurden die Büsten Lebender und Verstorbener gefertigt, Wachs wurde ferner in der Heilkunde, Kosmetik und Gymnastik verwendet. Das südwestliche Griechenland, Asien und das nördliche Afrika haben den Römern große Mengen von Wachs geliefert. Von Marcus Terentius Varro (* 116 v. Chr. in Reate im Sabinerland (heute Rieti); † 27 v. Chr.) wissen wir, dass die Insel Korsika einen jährlichen Wachstribut in Höhe von 200.000 Pfund an Rom entrichten musste.

Nach der Zeitenwende

Das sich ausbreitende Christentum übernahm viele heidnische Kulte, zu denen auch die Verehrung Gottes durch das Abbrennen von Bienenwachskerzen zählte. Die Wachskerzen stellten den jungfräulichen Leib Jesu Christi dar.

Die Bienenzucht wurde wegen ihrer Bedeutung für Kirche und Staat unter den Schutz der hl. Maria und der Apostel gestellt.

Denkmal von Marcus Terentius Varro in Rieti (Foto: Wiki)

Deutschland

Wie in vielen Teilen Europas erlebte die Bienenzucht auch in Deutschland einen großen Aufschwung. Der Bedarf an Kerzen konnte durch
das Angebot an Bienenwachs nicht gedeckt werden, denn er war schier unerschöpflich. Zur
Bedarfsdeckung an Altarkerzen wurden immer
mehr Bienenvölker gehalten. Besonders in den
Klöstern nahm man sich der Imkerei in beson-
derem Maße an. Von dort drangen auch viele
neue Erkenntnisse über die Bienenhaltung nach
außen. Der so genannte Wachszins wurde unter
Druck der katholischen Kirche eingetrieben. Wer
durch irgendein Missgeschick in die Schuld der
Kirche geraten war, wurde dennoch erbar-
mungslos gezwungen, diesen Wachszins an die
Eintreiber zu zahlen. Dieser Zwang führte aber
letztlich auch zu einer intensiven Bienenhaltung.

*Der Lichterglanz in protestantischen Kirchen
hält sich in Grenzen. Überwiegend verwendet
man Kerzen aus Paraffin oder Stearin oder
Gemischen.*

Auf der Donau gelangte deutsches Bienenwachs
über Niederösterreich und Konstantinopel nach
Syrien und Palästina. Dieser Handel mit Wachs
und Honig, der auf den Hauptmärkten in Augsburg, Nürnberg, Frankfurt, Köln, Prag, Breslau
und anderswo getätigt wurde, führte schließlich
zu einer staatlichen Bienensteuer. Im Mittelalter
zählte wohl die Zeidlerei zu den bedeutsamsten
Formen der Imkerei in Deutschland. Die Zeidler
waren Imker, die Waldbienenstöcke besaßen. Die
von ihnen gegründete Zunft besaß ähnliche
Rechte wie alle anderen Zünfte. Die Zeidelwäl-
der lagen im Osten Deutschlands um Muskau
und Hoyerswerda in der Oberlausitz und um Gör-
litz, außerdem in der Kurmark, in Pommern und
im Nürnberger Reichswald. Mit dem Dreißigjäh-
rigen Krieg und der nachfolgenden Reformation
erlitt die Imkerei in Deutschland einen großen
Niedergang. Während des verheerenden Krieges
waren viele Bienenvölker vernichtet und die
Imker getötet worden. Die sich anschließende
Reformation verzichtete auf den überschwängli-
chen Lichterglanz. Es währte nicht lange und die
ersten anderen Wachse kamen auf den Markt.

> Dennoch hat das Bienenwachs aufgrund
> seiner vielen guten Eigenschaften keine
> wirkliche Konkurrenz zu fürchten, weil dem
> bewussten Konsumenten sehr wohl der
> Wert und der Preis des Bienenwachses
> bekannt sind und er beides akzeptiert.

Österreich-Ungarn

Den wohl größten Aufschwung in der Imkerei
erlebte Österreich während der Herrschaft von
Kaiserin Maria Theresia (1740–1780) und der
ihres Sohnes Joseph II. Zu ihren förderlichen
Regelungen für die Imkerei zählt der Schutzbrief,
den sie am 8. April 1775 erließ und der fest-
legte, dass die Imker von jeglichen Steuern und
Abgaben befreit seien.

Im Königreich Böhmen widmeten sich die Klöster mit besonderer Hingabe der Bienenhaltung und der Ausbreitung der Imkerei, weil sie neben dem Honig in der Hauptsache Wachs für die Kerzen benötigten. In der Folge siedelten sich um die Klöster neue Imkereien an, die den Kirchen, Klöstern und den Märkten Wachs und Honig lieferten. Unter den Kronländern Österreichs nahm Ungarn die Vorreiterrolle in der Imkerei ein, was wohl auch klimatisch begründet ist. Gleiches trifft auf Siebenbürgen zu. In den zur Stefanskrone zählenden Ländern gab es gegen Ende des 18. Jahrhunderts allein in Ungarn 565.711 Bienenvölker, in Siebenbürgen 102.818, in Kroatien und Slawonien 37.622, an der Militärgrenze 91.348, insgesamt also 797.499 Bienenvölker. Das bedeutet, dass es durchschnittlich in jeder der 17.331 Gemeinden 46 Bienenvölker gab (BESSLER, 1885).

Schweiz

Hier, wie woanders auch, waren im Mittelalter die Klöster der Imkerei sehr förderlich. Sie betrieben in großem Umfang eigene Imkereien, gewannen viele neue Erkenntnisse aus der Bienenzucht und transportierten dieses Wissen über die Klostermauern hinaus nach außen. Die Produktion von Honig und Wachs soll sehr hoch gewesen sein. Aber der Dreißigjährige Krieg und die nachfolgende Reformation führten auch in der Schweiz zu einem Niedergang der Wachsproduktion.

Amerika

Ursprünglich war die Westliche Honigbiene *(Apis mellifera m.)* in Amerika nicht heimisch. In Süd- und Mittelamerika wurde sie jedoch schon sehr früh durch die spanischen Eroberer eingeführt und konnte sich im dortigen, günstigen Klima gut entwickeln. Die einheimischen Bienen waren die Meliponini (Stachellose Bienen), die von den indianischen Ureinwohnern gehalten und verehrt wurden und die es heute noch dort gibt.

Nach Nordamerika kamen die ersten Honigbienen im Jahre 1675 und bereits 1790 wurden 236.000 Pfund Wachs nach Europa exportiert. Besonders Kuba zählte zu den bedeutendsten Wachsproduzenten. Von dort wurden jährlich allein 20.000 Zentner Wachs nach Mexiko exportiert, wo es für Kirchenkerzen benötigt wurde.

Handel mit Bienenwachs

Früher zählten allein einige Länder Afrikas und Südamerikas zu den großen Exporteuren für Bienenwachs. Der größte Anteil wurde von den USA, Deutschland, Großbritannien, Japan, Frankreich, den Niederlanden und der Schweiz importiert. Heute ist auch China ein Wachsexporteur mit steigenden Verkaufszahlen.

Ein großer Teil des Bienenwachsaufkommens wird in der Kosmetikindustrie verwendet. Die pharmazeutische Industrie bezieht 25–30 % und ein weiterer Teil wird auch heute noch für die Herstellung von Kerzen, insbesondere Kirchenkerzen, verwendet. Mittlerweile verschieben sich jedoch die Relationen immer weiter. Die Kerzenhersteller greifen vermehrt auf andere Wachse zurück. Dagegen hat die chemische Industrie angesichts der steigenden Nachfrage nach ökologisch und gesundheitlich unbedenklichen Anstrichstoffen umgehend reagiert. Deren Antwort ist ein breites Angebot von Holzwachsen und Farben, die aus biologischen Rohstoffen, darunter Bienenwachs und Carnaubawachs, bestehen. Bienenwachs wird auch in der Lithographie, bei Graveuren und in vielen anderen Bereichen der Industrie und des Handwerks eingesetzt.

Schneeweiß ist der frische Wabenbau ganz am Anfang.

Herkunft und Gewinnung von Wachsen

Das Bienenwachs

Bienenwachs ist ein reines Naturprodukt, das die Bienen in den Wachsdrüsen ihres Körpers produzieren. Es gibt nur wenige Insekten außer den Bienen, die ihr eigenes Baumaterial aus körpereigenen Stoffen herstellen können. Nachdem das Wachs aus den Wachsdrüsen ausgetreten ist,

erstarrt es zu unregelmäßigen weiß-transparenten Wachsplättchen, von denen ca. 1 1/4 Millionen etwa ein Kilogramm Wachs ergeben.

Bienenwachs ist nach der Erzeugung zunächst reinweiß bis transparent. Man spricht dabei auch vom Jungfernwachs. Später nimmt es durch fettlösliche Bestandteile des Pollens (Pollenöl) und durch die Propolisierung in der Beute eine gelbliche Farbe an.

Die Bienen benötigen das körpereigene Wachs, wie schon erwähnt, als Baumaterial für ihre Waben, in denen sie ihren Nachwuchs aufziehen und ihre Nahrungsvorräte in Form von Pollen und Honig speichern.

Der Imker gewinnt das Bienenwachs durch das Ausschmelzen der Waben. Danach kann es unterschiedliche Farben aufweisen, die vom Alter des Schmelzgutes und der Herkunft des Wachses abhängig sind. Auch der Geruch ist sehr unterschiedlich. Wachs aus Heidegebieten bspw. hat einen süßlichen Honiggeruch und ist sehr begehrt.

Es kommt jedoch auch vor, dass Wachs unangenehm riecht, wie es bei einigen Wachsen afrikanischer Abstammung der Fall sein soll. Durch verschiedene Reinigungsverfahren, wie das mehrfache Klären und Filtern, entsteht schließlich reines Bienenwachs. Es bleibt jedoch chemisch unverändert und behält auch seinen charakteristischen, honigartigen Geruch. Die Farbe schwankt abhängig vom Anteil der Pollenfarbpigmente von Gelb bis Elfenbeinfarben. Bienenwachs besteht zu 70–80 % aus Wachsester, der sich zum großen Teil aus Palmitinsäure und Wachsalkoholen zusammensetzt.

Die Konsistenz des Wachses ist mäßig fest. Bei Handwärme wird es knetbar, ohne zu kleben.

Kenndaten[1]

Farbe: gelb bis graubraun
Bruch: feinkörnig, stumpf, nicht kristallin
Geruch: honigartig
Dichte: 0,95 bis 0,97 g/cm³
Schmelzpunkt: 62 bis 66 °C
Verdampfungspunkt: ca. 250 °C
Erstarrungspunkt: 58 °C
Säurezahl: 17 bis 23
Esterzahl: 70 bis 80
Verseifungszahl: 87 bis 103
Löslichkeit: unlöslich in Wasser und kaltem Alkohol, teilweise löslich in kochendem Alkohol, löslich in Äther, Chloroform, Tetra sowie Fetten und ätherischen Ölen

[1] Landesbetrieb Landwirtschaft Hessen, Bieneninstitut Kirchhain

Bienen errichten ihren Naturwabenbau in einem ausgehöhlten Baumstamm.

Bienenwachskerzen haben eine lange Tradition als sakrale und hochwertige Schmuck- sowie Zierkerzen. Die Kerzen brennen rückstandsfrei ab und riechen angenehm. Dem Bienenwachs kommt auch insofern eine besondere Bedeutung zu, als es das erste Wachs war, das vom Menschen gezielt für verschiedene Zwecke verwendet wurde.

Herkunft

Aus Naturbau

Die Honigbienen sind Höhlenbrüter. Sie benötigen für die Errichtung ihres Wabenbaues einen Wetterschutz. Diesen Schutz bieten Höhlungen in morschen Baumstämmen, Felsen und altem Mauerwerk. Manche Imker stellen selbst aus Spaß und Freude hohle Baumstämme auf und besiedeln sie mit Bienen. Der Schwarm errichtet dann auch umgehend seinen Wabenbau.

Aus Deckelwachs

Im Rahmen des Reifeprozesses wandeln die Bienen den einst wasserreich eingetragenen Nektar zu Honig um, der dadurch zu einem haltbaren, lagerfähigen Produkt mit geringem Wasseranteil wird. Anschließend verschließen die Bienen die Zellen mit einem feinen Wachsdeckelchen, damit der Honig keine Feuchtigkeit mehr anziehen kann und dadurch dem Verderb durch Gärung ausgesetzt wäre.

Bei dem Deckelwachs unterscheidet man zwischen dem reinweißen bis sehr hellgelben Entdeckelungswachs, das die Bienen direkt für diesen Zweck produzieren.

Deckelwachs von unbebrüteten Honigwaben ist immer von heller und feinster Beschaffenheit. Hingegen sind die Zelldeckel von dunkleren, bereits bebrüteten Waben ebenfalls von dunklerer Farbe.

Damit der Honig aus den Waben geschleudert werden kann, müssen zuerst die dünnen Wachsdeckelchen mit einer Entdecklungsgabel oder einem speziellen Entdecklungsmesser von den Zellen abgehoben werden.

Das Deckelwachs von Honigwaben wird, nachdem der restliche Honig abgetropft ist, entweder ausgewaschen oder sofort in den Sonnenwachsschmelzer gegeben, um es einzuschmelzen.

In größeren Imkereien fallen zur Erntezeit große Mengen an Deckelwachs an, die gesondert von allen anderen Wabenbeständen eingeschmolzen werden müssen, um die helle Farbe und den Duft dieses frischen Wachses zu erhalten.

Man lässt es dazu erst abtropfen bzw. trennt es in einer Zentrifuge von Honigresten. In kleineren Imkereien kann man es auch auswaschen und das Wasser den Bienen verfüttern. Danach

Ausschneiden der Drohnenwaben aus den Rähmchen

Die ausgeschnittenen Drohnenwaben werden im Sonnenwachsschmelzer eingeschnmolzen

kommt das Deckelwachs in den Sonnen- oder Dampfwachsschmelzer. Da es kaum Rückstände gibt, schmilzt es leicht und schnell ein. Seine Gewinnung geschieht zugleich mit der Honigernte, indem die Wachsdeckelchen auf mechanische Art entfernt werden. Im deutschsprachigen Raum bedient man sich überwiegend der Entdecklungsgabeln in ihren verschiedenen Ausführungen. In den südlichen Ländern Europas und anderen Ländern mit größeren Imkereibetrieben sind das Entdecklungsmesser sowie die Entdecklungsmaschinen nicht mehr wegzudenken. Überwiegend handelt es sich dabei um dampf- oder elektrisch beheizte Messer.

Aus Drohnenbau

Im Rahmen der Varroakontrolle und Varroadezimierung wird durch den Imker die biologische Maßnahme des wiederholten Ausschneidens von Waben mit verdeckelter Drohnenbrut praktiziert. Dadurch fallen pro Saison und Volk zwischen sechs und zehn Drohnenwaben an, die nach der Entnahme aus dem Volk ausgeschnitten und eingeschmolzen werden müssen. Da dies im Frühjahr und Frühsommer passiert und in dieser Zeit häufig die Sonne scheint, werden die Waben meist im Sonnenwachsschmelzer ein-

geschmolzen. Das dabei gewonnene Wachs ist von höchster Qualität, da das Wachs für den Drohnenbau ausschließlich von den Bienen selbst produziert wird. Es gibt zwar auch Drohnenmittelwände im Handel, die aber wegen der geringen Verwendung durch die Imker kaum Bedeutung haben.

Aus Altwaben

Brutwaben werden durch die Ablagerung der Nymphenhäutchen und des Larvenkotes von

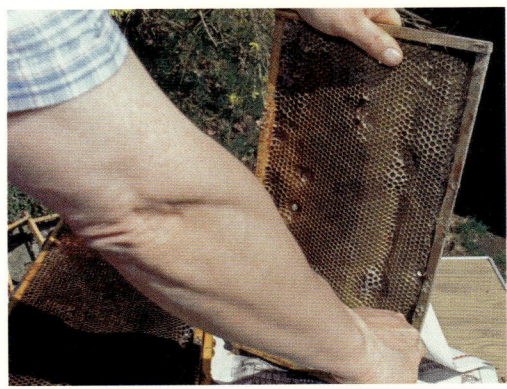

Altwaben werden regelmäßig gegen neue Waben oder Mittelwände ausgetauscht.
Sie werden ausgeschnitten und im Sonnensowie Dampfwachsschmelzer eingeschmolzen.

Brutgang zu Brutgang dunkler. Um der Stand- und Völkerhygiene gerecht zu werden, ist es zwingend notwendig, den Wabenbestand eines Volkes regelmäßig zu erneuern. Empfehlenswert ist es, jährlich ein Drittel der Waben jedes Volkes gegen Mittelwände auszutauschen. In einem guten Jahr kann man auch großzügiger verfahren und den Wabenbau innerhalb von zwei Jahren erneuern. Welche Waben ausgetauscht werden sollen, weiß der Imker, indem er die Wabe gegen das Licht hält. Kommt nur noch wenig Licht hindurch, wird die Wabe entfernt.

In Altwaben binden die saugfähigen Nymphenhäute während des Schmelzvorganges viel flüssiges Wachs, welches letztlich nicht gewonnen werden kann.

> Altwaben schmilzt man deshalb besser nicht in dem Sonnenwachsschmelzer, sondern in einem Dampfwachsschmelzer ein.

Eingelagerte Altwaben schmilzt man im Herbst/Winter mit einem Dampfwachsschmelzer ein. (Foto: Albert Clauer)

Reinigungs- und Klärverfahren

Das im Sonnenwachsschmelzer gewonnene Bienenwachs besitzt noch einen mehr oder weniger großen Anteil an Verunreinigungen. Diese gilt es vor der Weiterverarbeitung zu Kerzen, Mittelwänden (Wachsplatten) oder Bestandteilen diverser Kosmetika oder Pflegemittel zu entfernen. Insbesondere für Kerzen benötigt man ein absolut reines Wachs, damit ein reibungsloses und sauberes Abbrennen gewährleistet ist. Ist das nicht der Fall, kommt es vor, dass der Docht durch die Verunreinigungen den Durchfluss des Wachses behindert oder gar verhindert.

Wachsblöcke aus dem Sonnenwachsschmelzer enthalten noch Verunreinigungen, die vor der Weiterverarbeitung beseitigt werden müssen.

Für die Reinigung des Bienenwachses gibt es sehr viele Verfahren. Der Imker arbeitet überwiegend mit dem Klärverfahren und seltener mit Säuren (Oxal-, Zitronen- oder Schwefelsäure), die hier aber trotzdem kurz genannt werden sollen.

Im Wasserbad

Zur Reinigung im Wasserbad empfiehlt sich die Verwendung eines großvolumigen Topfes aus Edelstahl oder eines Topfes mit unbeschädigter Emaille. Wenn Wachs nämlich mit Eisen in Berührung kommt, verfärbt es sich und wird grau. Als Heizquelle ist ein Elektroherd vorzuziehen, weil die Verwendung eines Gasbrenners oder -herdes eine größere Brandgefahr mit sich bringt.

Während des Schmelzvorganges sollte man unbedingt dabei sein, um jeder Gefahr vorbeugen zu können.

Zuerst werden nun die zu reinigenden Wachsblöcke aus dem Sonnenwachsschmelzer zerkleinert und in den bereits mit kaltem Wasser gefüllten Topf gegeben.

Die in den Wachsblöcken eingeschlossenen Verunreinigungen steigen beim Schmelzen nach oben.

Teile der Wachsblöcke werden in den mit Wasser gefüllten Topf gegeben.

Das Wachs ist gänzlich geschmolzen. Vorsicht, nur leicht und eine kurze Zeit lang sieden lassen, damit der Inhalt nicht überkocht.

Flüssiges Wachs steigt an die Oberfläche, ein Zeichen, dass die Schmelztemperatur des Wachses erreicht ist.

Während des Erhitzens muss der Topf im Auge behalten werden.

Man ist gut beraten, einen Topf mit Glasdeckel zu wählen, weil man den Schmelzvorgang dadurch von außen beobachten kann und die Wärme dabei im Topf bleibt und nicht entweicht.

Ist der Siedepunkt erreicht, ist die Heizquelle soweit zurückstellen, dass das Wasser-Wachs-Gemisch nur ganz leicht und auch nur für eine kurze Zeit kocht.

Dann wird der Inhalt des Topfes zum Klären und Abkühlen in konische Edelstahleimer gefüllt.

Ich siebe dabei ganz grob vor, um die größeren Schmutzteile zurückzuhalten. Dazu dienen mir ein Sieb und ein eingelegtes Papiertuch.

Einfüllen des Wasser-Wachs-Gemisches in die Eimer

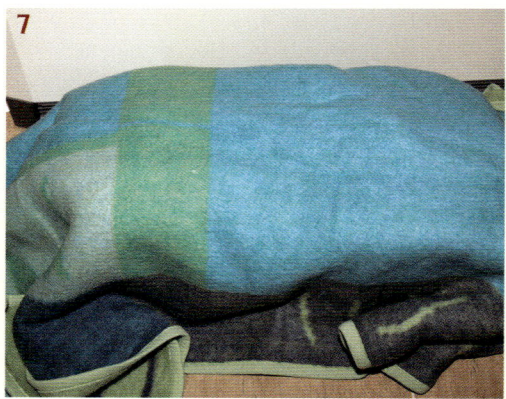

Zur Isolation der Eimer verwende ich eine dicke Decke.

Anschließend werden die Eimer mit Deckeln verschlossen und an einem warmen Platz abgestellt. Zusätzlich wird eine Decke zur Isolierung darübergelegt. Das ist sehr wichtig für den Klärprozess, denn das Wachs muss langsam abkühlen, damit auch die kleinsten Verunreinigungen nach unten sinken können.

Je länger der Abkühlungszeitraum dauert, umso besser funktioniert die Klärung des Wachses.

Nach 36 oder 48 Stunden ist der Eimerinhalt abgekühlt und die Wachsblöcke können durch Umstülpen der Eimer entnommen werden. Das tut man am besten im Freien. An der Unterseite der Blöcke haften oft noch Verunreinigungen, die man mit einem Messer abschabt. Sind auch am Rand des Wachsblockes eingeschlossene Verunreinigungen zu erkennen, dann sollte man das Wachs noch einmal einem Klärprozess unterziehen.

Die Eimer mit dem Schmelzgut kommen in einen nicht zu kühlen Raum und erhalten einen Deckel.

Alternativ zum Edelstahleimer eignen sich auch sehr gut Plastikeimer für das Klären des Wachses, weil sich der Wachsblock durch die Flexibilität des Materials leicht ausstülpen lässt.

Durch Umstülpen der Eimer rutschen die Wachsblöcke auf die Unterlage.

Die Reinigung der Wachsblockunterseite geschieht am einfachsten sofort nach der Entnahme aus dem Eimer, weil dann der Trester noch weich und feucht ist

Für die Weiterverarbeitung geeignete Wachsblöcke

Mit Säuren

Wenn Wachs in beschädigten Emaillebehältern mit Eisen in Berührung gekommen ist oder der Zinnauftrag des Wabendrahtes schlecht war, wird das Wachs oft gräulich und damit optisch unansehnlich. Aber auch hier gilt, dass man das Wachs für die Mittelwandherstellung ohne Weiteres verwenden kann, nicht aber für die Kerzenfertigung. Ein solches Bienenwachs lässt sich mittels Säurezusätzen optisch aufbessern.

> Für die Verarbeitung muss man deshalb Behälter verwenden, denen die Säuren nichts anhaben können.

Das können Gefäße aus Edelstahl oder mit intakter Emaillebeschichtung sein. Ein Wachstopf eignet sich ebenfalls gut, weil man ihn in das Wasserbad eines Einkochautomaten stellen kann.

Der verwendete Topf wird nun mit Wachs und etwas Wasser gefüllt und erhitzt. Wenn das Wachs geschmolzen ist, es darf nicht kochen, wird die Säure zugefügt und der Topfinhalt intensiv verrührt, denn das Wasser-Wachs-Gemisch muss mit der Säure gut vermischt werden.

Reinigung mit Oxalsäure

Oxalsäure ist den Imkern überwiegend aus der Varroabehandlung bekannt. Man rechnet (nach Armin Spürgin) mit der Zugabe von 3 g kristalliner Oxalsäure auf einen Liter Wasser.

Reinigung mit Zitronensäure

Zur Wirksamkeit von Zitronensäure gibt es widersprüchliche Meinungen. Die positiven überwiegen allerdings und es ist in jedem Fall einen Versuch wert. Hierzu nimmt man 1 g Zitronensäure pro kg Wachs. Auch hier gilt wie bei der Oxalsäurebehandlung, dass die Zitronensäure im Wasserbad gelöst und intensiv mit dem Wachs vermischt werden muss.

Verfälschungen von Bienenwachs

So alt wie der Handel mit Wachs selbst ist auch die Tatsache, dass man Bienenwachs immer wieder zu verfälschen sucht. Ebenso alt sind aber auch die Methoden, solchen Verfälschungen auf die Spur zu kommen. Die Bienen nahmen bis zur Erfindung des mobilen Wabenbaus keinen Schaden, denn sie bauten ihre Waben von Anfang an selbst. Erst mit der vom Menschen hergestellten Mittelwand kam es auch zu Betrügereien aus Gewinnsucht, indem das Bienenwachs mit dubiosen und billigen Ersatzstoffen gestreckt wurde. Deshalb kaufen die meisten Imker die Mittelwände beim Händler ihres Vertrauens ein oder haben einen eigenen Wachskreislauf, indem sie ihr Wachs bis zur neuen Mittelwand selbst verarbeiten. Es gibt heute Händler, die kontaminationsfreies oder sogar Bio-Wachs anbieten.

Physikalische Eigenschaften und Prüfmethoden

Frisch erzeugtes Wachs ist, wie schon erklärt wurde, reinweiß. Durch Propolis und fettlösliche Pollenbestandteile, dem Pollenbalsam, wird es leicht gelblich bis bräunlich. Man geht auch davon aus, dass etwa 5–10 % Kittharz im Bienenwachs enthalten sind. Der Geruch der Wachse ist je nach Herkunft sehr unterschiedlich. Er ist immer von der Art der Blüten abhängig, die von den Bienen besucht wurden. Bienenwachs ist bei Kälte spröde und bei Handwärme knetbar, ohne zu kleben. In Wasser und kaltem Alkohol ist Bienenwachs nicht löslich. Nur zum Teil löst es sich in heißem Alkohol. Löslich ist es in Äther, in heißen Fetten, ätherischen Ölen, erwärmtem Benzin, Chloroform, Schwefelkohlenstoff, Tetrachlorkohlenstoff und Terpentinöl.

> In der Natur erfüllen Wachse sehr wichtige Schutzaufgaben, was sie aufgrund ihrer Beständigkeit auch ohne Weiteres können.

Auf einem Schiff aus der Wikingerzeit (800 v. Chr.) fand man Wachsblöcke, die in ihrem Inneren noch fast die gleichen Kennzahlen aufwiesen wie das heutige Bienenwachs. Nicht einmal die Verdauungssäfte von Magen und Darm können Bienenwachs abbauen. Eine Ausnahme bilden nur die Verdauungssäfte der Wachsmotten.

Frischen Wabenbau nennt man auch Jungfernwachs. Er ist reinweiß und leicht brüchig.

Erhitzungsprüfung nach Weber

Dazu wird ein erbsengroßes Stück Wachs auf einer nicht brennbaren Unterlage erhitzt. Der entstehende Geruch soll angenehm und nicht belästigend sein.

Kauprüfung

Ein erbsengroßes Stück Wachs wird gekaut: Dabei darf die Probe nicht zwischen den Zähnen kleben bleiben.

Bruchprüfung

Um die Echtheit von Bienenwachs zu prüfen,

bricht man ein Stück Wachs ab. Die entstandene Bruchstelle muss feinkörnig und stumpf, darf aber nicht kristallin sein.

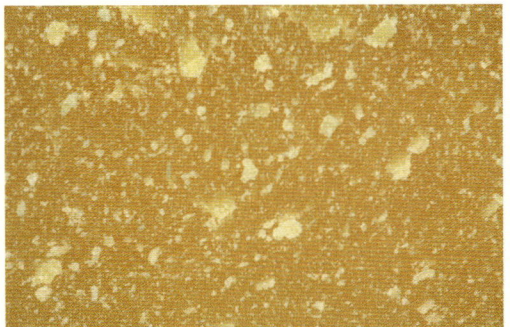

Bruchstelle eines Wachsblockes zur Feststellung der Echtheit

Schnittprüfung

Das Wachsprobestück wird mit einem scharfen Messer durchgeschnitten. Weder die Schnittfläche noch die Messerklinge dürfen klebrig sein.

Ritzprüfung

Mit dem Fingernagel, einer Spachtel oder einem Messer ritzt man das Wachs an. Ist es unverfälscht, dann rollen sich die Späne spiralförmig ab.

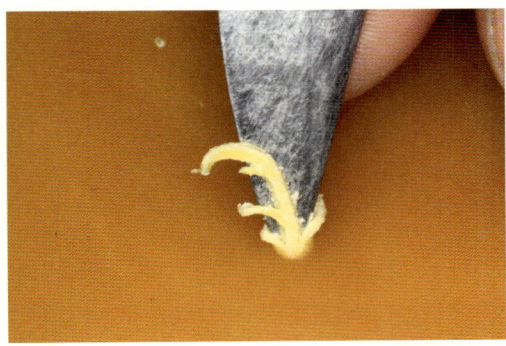

Mit einem Messer wird ein spiralförmiger Bienenwachsspan abgehoben. Ein Zeichen für Qualität.

Kreideprüfung

Mit Schultafelkreide bringt man einen Strich auf der Wachsprobe an. Der Kreidestrich muss darauf haften bleiben.

Knetprüfung

Ein erbsengroßes Stück Wachs knetet man etwa zehn Minuten lang zwischen den Fingern. Die Probe muss plastisch sein, darf aber keinesfalls an den Fingern hängen blieben. Zieht man das Wachs, darf es nicht glänzen, sondern muss stumpf erscheinen und kurz abreißen.

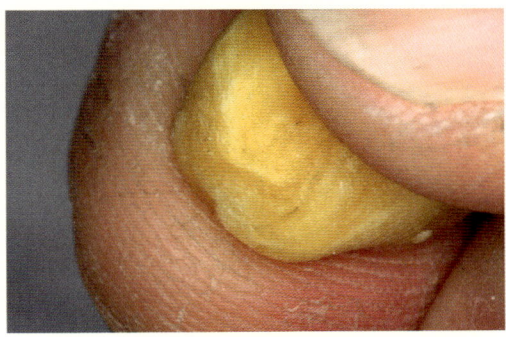

Die Knetprüfung ist eine einfache und selbst zu praktizierende Qualitätskontrolle des erworbenen Wachses.

Benzinprobe

Paraffin-Zusätze lassen sich feststellen, wenn man ein Stück Wachs zwei Stunden lang in Benzin legt. Paraffin bleibt unverändert erhalten, Bienenwachs hingegen zerfällt blätterartig.

Refraktometrische Prüfung

Um Wachsverfälschungen mit Ceresin, Stearin, Harzen, Carnaubawachs, Paraffin und anderen Stoffen zu erkennen, bedient man sich der refraktometrischen Untersuchung.

Dabei wird das Lichtbrechungsvermögen der verschiedenen Wachsarten im geschmolzenen Zustand mithilfe eines Refraktometers gemessen.

Chemische Zusammensetzung

In den meisten Büchern der organischen Chemie werden Öle, Fette und Wachse zusammen abgehandelt, weil sie alle zwischen 70 und 75 % aus höhermolekularen Fettsäuren bestehen, und zwar in Form von Glykerol bei Ölen und Fetten und in Form von höheren Fettsäuren bei Wachsen.

Zusätzlich enthält Wachs Kohlenwasserstoffe (11–17 %), freie Fettsäuren (10–15%), freie Alkohole, mineralische Verbindungen, unterschiedliche Farbstoffe, Aromastoffe etc.

Bienenwachs besitzt einen hohen Brennwert. Verbrennt man 1 kg Wachs, werden 41.860.000 Joule Wärme freigesetzt.

> Bienenwachs ist auch ein wichtiger Träger von Vitaminen.

Die größte Bedeutung besitzt dabei das Vitamin A. Cremes mit Bienenwachs fördern die Regenerationskraft der Haut und schützen vor schädlichen Umwelteinflüssen.Der wichtigste Unterschied zwischen einem Fett bzw. Wachs und einem Öl besteht im Schmelzpunkt. Bleibt die Substanz flüssig, wenn sie auf 20 °C abgekühlt wird, handelt es sich um ein Öl. Bleibt sie fest, dann handelt es sich um ein Fett.

In älteren Bienenbüchern ist nachzulesen, dass Bienenwachs aus einer Mischung von Cerotin-Säuren und Myricinen besteht. Die Entwicklung neuer Analysetechniken, einschließlich der Gas- und Flüssigkeitschromatographie, eines Verfahrens zur Trennung chemisch nah verwandter Stoffe, kombiniert mit der Massen-Spektographie, hat den Erkenntnisstand der letzten 10 bis 15 Jahre revolutioniert und zu der wissenschaftlichen Feststellung geführt, dass Bienenwachs mindestens 111 Bestandteile besitzt, von denen bisher nur 41 identifiziert werden konnten. Die Wachse der asiatischen Bienenarten

bspw. unterscheiden sich vom Wachs der *Apis mellifera,* der Westlichen oder Europäischen Honigbiene, unter anderem im prozentualen Anteil an Kohlenwasserstoffen, Estern und freien Fettsäuren.

Das Bleichen von Bienenwachs

Aus Sicht der Imker spielt das Bleichen von Wachs, außer für konkrete Kundenwünsche, kaum eine Rolle. Nichtimker, die sich Bienenwachs beschaffen und dieses selbst gerne bleichen möchten können, wie nachstehend beschrieben, verfahren.

Mit Sonnenlicht

Diese Methode benötigt zwar am meisten Zeit und ist auch ziemlich aufwändig, aber sie ist unbedenklich, weil keine Chemie zur Anwendung gelangt. Außerdem kostet Sonnenlicht nichts. Man bekommt also ein sehr helles oder sogar weißes Wachs zum Nulltarif. Dazu zerkleinert man den Wachsblock in etwa frauenfaustgroße Stücke, was am besten funktioniert, wenn das Wachs kalt ist. Die Wachsstücke werden danach im Freien auf einer Plane oder Matte ausgebreitet und in regelmäßigen Zeitabständen mit Wasser besprengt. Je nach Intensität der Sonne dauert es 10 bis 30 Tage, bis das Wachs weiß ist. Voraussetzung dafür ist natürlich passendes Wetter mit genügend Sonnenschein.

> Es ist jedoch keineswegs sinnvoll, das Bleichen in der heißen Sommersonne durchzuziehen, weil dann die Gefahr besteht, dass das Wachs weich wird und verläuft und dadurch die Unterlage verschmiert.

Die beste Zeit zum Bleichen von Bienenwachs mit Sonnenlicht ist deshalb der Mai, wenn die Sonne meist noch nicht so intensiv brennt. Wer die Zeit mitbringt, während des Bleichens permanent dabei zu sein, der kann es auch zu anderen Zeiten tun, muss das Wachs aber häufiger mit Wasser besprizten.

Mit Wasserstoffperoxid

Wie zum Bleichen von Papier etc. kann man zum Bleichen von Bienenwachs auch Wasserstoffperoxid verwenden.

Es gibt zwar keine konkreten Dosierhinweise, aber man kann davon ausgehen, dass die Dosierung ähnlich wie bei den Säuren aussieht. Wasserstoffperoxid darf nur mit größter Vorsicht ange-

wendet werden, d. h., dass Körper- und Augenschutz unerlässlich sind. Es gibt auch schnellere Verfahren, wie die Verwendung von Bleichlauge, die Chlorkalk, schweflige- oder Schwefelsäure, Wasserstoffsuperoxid, Eau de Javelle, salpetersaures Natron und andere Stoffe enthalten kann. Bleichlaugen haben alle nachteilige Folgen auf das Wachs und sind, wie Wasserstoffperoxid, für den Anwender nicht unbedenklich.

> Ich empfehle allerdings, die Finger von chemischen Verfahren zu lassen!

Das Paraffin

Chemisch betrachtet ist Paraffin ein Gemisch aus gesättigten, geradkettigen und verzweigten Kohlenwasserstoffen, den so genannten Alkanen. Hartparaffine besitzen einen Schmelzpunkt zwischen 50 und 60 °C, bei Weichparaffinen liegt er bei etwa 45 °C. Paraffin ist wachsartig, brennbar, geruch- und geschmacklos. Es ist in seiner Endform ungiftig und besitzt eine weiße Farbe. Paraffin wird durch Vakuumdestillation gewonnen, anschließend wird es entölt, filtriert und mehrfach raffiniert.

> Paraffine werden insbesondere als Brennstoff, in Form von Kerzen oder Brennöl etc., verwendet.

Zudem ist es ein wichtiger Bestandteil vieler Cremes und Salben, Kosmetik- und Medizinprodukte und es kommt sowohl als Pflegemittel für Holz als auch für Schuhcremes, Autopolituren etc. zur Anwendung. Paraffin wird auch teilweise als Rindenüberzug bei Käse genutzt. Außerdem kommt das Wachs in Wellpappen, Papierbeschichtungen, Hartfaserplatten, Spanplatten und in der Gummiindustrie zur Anwendung.

Zur Gewinnung von Paraffin sind aufwändige chemische Verfahren erforderlich.
(Foto: Thomas Weber)

Zwischen 1830 und 1840 wurden erstmals Kerzen aus Paraffin hergestellt. Es eignet sich hervorragend für die Kerzenherstellung und ist wegen seiner noch uneingeschränkten Verfügbarkeit und wegen des günstigen Preises der am meisten genutzte Rohstoff der industriellen Kerzenhersteller. Außerdem sind Kerzenhersteller weltweit die größten Abnehmer von Paraffinen, da es preiswerter als das aus tierischen und pflanzlichen Produkten gewonnene Stearin ist.

Bei den Paraffinwachsen zur Kerzenherstellung wird vor allem nach Schmelzpunkt und

Ölgehalt unterschieden. Je nach Ölgehalt definieren wir Wachse mit 3–5 % Öl und mit 1–3 % Öl als halb raffinierte Wachse und solche mit einem Ölgehalt von 0,5–1 % werden als voll raffinierte Wachse bezeichnet.

Die Verwendung dieser verschiedenen Paraffintypen für die Kerzenherstellung hängt von der Jahreszeit ab, da die Außentemperaturen eine wichtige Rolle bei der Produktion spielen. Bei normalen Wintertemperaturen wird für das Grab-programm Paraffinwachs mit einem Schmelzpunkt von 48–52 °C und einem Ölgehalt bis 3 % verwendet. Bei mittelhohen Sommertemperaturen wird Paraffin mit einem Schmelzpunkt zwischen 54 und 58 °C und einem Ölgehalt bis 1,5 % verwendet. Bei sehr hohen Sommertemperaturen wird Paraffin mit dem Schmelzpunkt zwischen 58 und 62 °C und einem Ölgehalt bis 1 % verwendet. Kerzen aus Paraffin werden überwiegend gepresst und gezogen.

Das Stearin

Beim Stearin handelt es sich chemisch betrachtet um ein Gemisch unterschiedlicher Fettsäuren, deren Hauptanteile Palmitin und Stearinsäure sind. 1818 wurde es als Kerzenrohstoff entdeckt und 1825 gelang es den französischen Chemikern Gay Lussac und Chevreul Stearinsäure aus tierischem Fett herzustellen. Der Schmelzpunkt von Stearinsäure liegt zwischen 52 und 60 °C. Man gewinnt Stearinsäure heutzutage hauptsächlich aus pflanzlichem Palmöl, das aus dem Fruchtfleisch der Ölpalme gewonnen wird, und aus verschiedenen tierischen Fetten.

Eine Plantage mit Ölpalmen in Malaysia (Foto: Craig)

Gepresstes Palmöl wird in Fässer gefüllt. (Foto: Jukwa Village Palm Oil Production, Ghana)

Stearin ist ein wertvolles Wachs für die Kerzenherstellung. Es ist biologisch abbaubar und kann daher wie Biomüll behandelt werden.

Da Stearin teurer ist, wird es jedoch seltener für die Kerzenproduktion verwendet.

Von den 163.500 Tonnen Kerzen, die im Jahr 2005 auf dem deutschen Markt verkauft wurden, waren lediglich 7 % aus Stearin gefertigt.

Vielfach bestehen Kerzen auch aus einem Gemisch von Paraffin und Stearin (bspw. 80 % Paraffin und 20 % Stearin). Kerzen aus Stearin sind fester und ruβen weniger und sie können nur im Gieβverfahren produziert werden.

Früchte der Ölpalme. Das Bild wurde im Norden der Republik Kongo, im Gebiet von Ouesso nahe Brazzaville, gemacht. (Foto: Tornasole)

Das Carnaubawachs

Carnaubawachs gewinnt man aus den Blättern der Carnaubapalme. Die Carnaubapalme (*Copernicia prunifera* [Mill.] H. E. Moore) ist eine südamerikanische Palmenart. Man nennt das Wachs auch Brasilwachs und die Palme wird auch als Caranday-Palme oder Wachspalme bezeichnet.

Ihren wissenschaftlichen Namen verdankt die Wachspalme dem berühmten polnischen Astronomen Nikolaus Kopernikus (1473–1543). Vor ca. 300 Jahren waren es spanische Jesuiten-Missionare, die im Nordosten Brasiliens die vielseitigen Einsatzmöglichkeiten der Carnaubapalme von den einheimischen Tremembé-Indianern kennenlernten, die diese Palme als Baum der Weisheit bezeichneten. So sollen Zubereitungen aus dem Wurzelwerk hilfreich bei der Beseitigung von Entzündungen sein. Die Früchte der Palme sind als nahrhaftes Tierfutter bekannt und die getrockneten und gemahlenen Früchte finden als eine Art Kaffeeersatz Verwendung. Das harte Holz gilt als ein haltbarer Baustoff, die Blattfasern werden zu Tauwerk, Matten und Hüten und die Blätter zu Dachbedeckungen und Hängematten verwoben. Kommerziell wurde die Carnaubapalme erst Anfang des 19. Jahrhunderts entdeckt. Sowohl das Holz des Stammes wie auch das Wachs entwickelten sich bald darauf zum Exportschlager.

Nach einer kurzen Ruhephase, verursacht durch die auf synthetischer Ölbasis hergestellten Wachse, erfuhr das wertvolle Carnaubawachs eine Art Renaissance und wird heute zur Herstellung von Kerzen, Kosmetikprodukten und als hochwertiges Poliermittel für Autos verwendet[2]

Die Stämme der Palmen erreichen in der freien Natur eine Höhe von ca. 15 m. Ihr Durchmesser beträgt kaum mehr als 25 cm. Die knopfartigen Blattbasenreste sind spiralig angeordnet und bleiben häufig im unteren Stammteil erhalten. Die Blattkrone wirkt geschlossen und besitzt eine runde Form. Ihr Durchmesser kann bis zu 5 m betragen. Die Blätter sind fächerförmig, 1,5 m breit und kreisrund und sie haben eine gelbgrüne bis blaugrüne Farbe. Beide Blattseiten sind mit Wachs überzogen, die Unterseite stärker. Das Wachs dieser Blätter wird geerntet. Während der Trockenzeit werden sechs bis acht Blätter pro Palme abgeschnitten. Dies kann im zweimonatlichen Abstand dreimal jährlich geschehen.

[2] SONAX GmbH, 86633 Neuburg/Donau

Anschließend werden die Blätter auf Matten getrocknet. Dadurch lockern sich die Wachsschuppen. Durch Klopfen und Schaben wird das Wachs von den Blättern getrennt. Pro Blatt werden etwa 5 bis 8 g Wachs gewonnen, das ergibt pro Baum und Jahr 120 bis 160 g Wachs.

Durch Kochen des Wachses in Wasser und anschließendes Filtern wird es gereinigt und nach dem Erstarren in Stücke gebrochen. Die Herstellung des Wachses ist sehr aufwändig und arbeitsintensiv. Das Carnaubawachs ist ein sehr hartes, hell gelblich bis grünes Wachs, das unter allen natürlichen Wachsen den höchsten Schmelzpunkt besitzt (83–87 °C). Gemischt mit einem weichen Wachs erhöht es dessen Schmelzpunkt. Es besteht hauptsächlich aus gesättigten höheren Fettsäuren wie Cerotinsäuremyricylester oder Carnaubasäure.

Eine große Carnaubapalme (Autor: Wiki/ Tacarijus)

Kenndaten

Farbe: hellgelb
Schmelzpunkt: 83 bis 87 °C
Erstarrungspunkt: 72 bis 82 °C
Tropfpunkt: 80 bis 84 °C
Säurezahl: 2 bis 10 mg KOH/g
Verseifungszahl: 75 bis 90 mg KOH/g
Aschegehalt: weniger 25 µ
Löslichkeit: in Terpenen oder Aromaten

Carnaubawachs ist in Balsamterpentinöl, Orangenterpen, Toluol und Xylol löslich.

Man verwendet Carnaubawachs als härtenden Bestandteil in Wachsmischungen, da es die Haltbarkeit von wachshaltigen Polituren erhöht. Es ist ein bedeutender Bestandteil in allen harten Wachspolish-Rezepturen. Meistens wird ein Anteil von 10–20 % Carnaubawachs in anderen weicheren Wachsen, z. B. Bienenwachs, benutzt.[3]

[3] Kremer Pigmente, Aichstetten

Herstellung und Verwendung von Mittelwänden (Wachsplatten)

Sowohl in der Imkerei wie auch für die Herstellung von Kerzen werden Mittelwände aus Bienenwachs benötigt.

In Bastlerkreisen und auch im einschlägigen Handel für Bastelbedarf spricht man häufig von Wachsplatten, die dort allerdings nicht immer zu 100 % aus Bienenwachs bestehen, sondern häufig mit Stearin oder anderen Wachsen vermischt verkauft werden.

Die Imker benötigen diese Mittelwände für die Bauerneuerung, weshalb sie auch bereits die typische Zellstruktur besitzen. Imker und auch

Mittelwandwalze im Wachsverarbeitungsbetrieb der Firma W. Kassl, Gänsdorf, Mittertrixen

*Kleine Mittelwandwalze für Imkereien
(Foto: Tom Industries Inc., El Cajon, CA, USA)*

*Wassergekühlte Mittelwandgießform mit
Prägeplatten aus Silikonkautschuk, daneben
der Kochstar mit Wasserbad und Wachstopf*

Kerzenhersteller kaufen ihre Mittelwände entweder bei kommerziellen Herstellern oder sie produzieren sie selbst.

Für die Herstellung von Mittelwänden gibt es zwei Wege, das Walz- und das Gießverfahren. Gießformen werden meist von Kleinproduzenten wie kleinen Imkereien und Bastlern verwendet. Letztere sind nicht unbedingt Imker, sie kaufen sich ihr Rohwachs im Handel oder beim Imker. Die modernen Mittelwandgießformen sind wassergekühlt und besitzen Silikonkautschuk-Formplatten, auf denen sich die Zellprä-

gung befindet. Dadurch wird kein Trennmittel mehr benötigt und wegen der Wasserkühlung fallen keine Wartezeiten mehr an. Bis zu 70 Mittelwände lassen sich damit pro Stunde anfertigen.

Große wachsverarbeitende Betriebe arbeiten mit Walzwerken. Gewalzte Mittelwände sind für die Kerzenherstellung geeigneter, weil sie flexibler sind.

Flüssiges Wachs wird mit Hilfe einer Schöpfkelle in die Gießform gegeben.

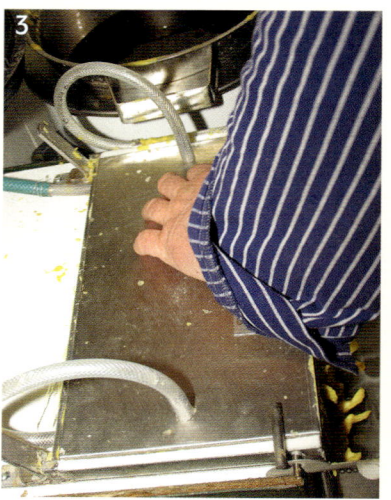

Auflegen und Andrücken der oberen Prägeplatte. Dadurch verteilt sich das Wachs über die gesamten Flächen der Silikonplatten, wodurch man eine einheitliche, starke und gleichmäßige Mittelwand erhält.

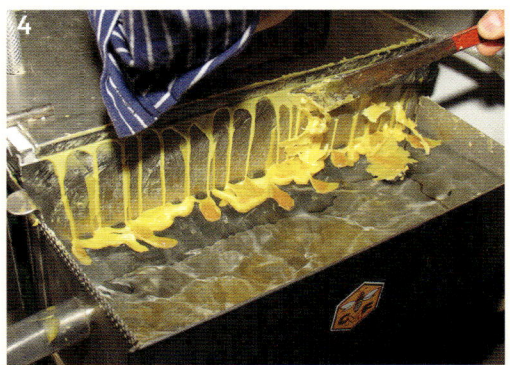

Während das Wachs in der Form gekühlt wird, entfernt man das seitlich herausgequollene und erstarrte Wachs mit einem Stockmeisel oder Messer.

Die gegossene Mittelwand sollte nach dem Öffnen der Form unten liegen.

Zur Entnahme der Mittelwand hebt man sie vorsichtig an einer Ecke an und löst sie vorsichtig aus der Zellprägung, da sie ja immer noch warm ist.

Schließlich zieht man sie mit beiden Händen von der Silikonplatte ab.

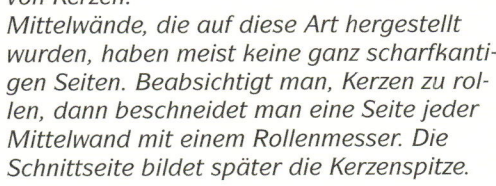

Auf diese Weise kann man entweder seinen Vorrat an Mittelwänden für die Bauerneuerung der kommenden Saison fertigen oder man verwendet die Mittelwände zum Wickeln von Kerzen.
Mittelwände, die auf diese Art hergestellt wurden, haben meist keine ganz scharfkantigen Seiten. Beabsichtigt man, Kerzen zu rollen, dann beschneidet man eine Seite jeder Mittelwand mit einem Rollenmesser. Die Schnittseite bildet später die Kerzenspitze.

Geschichte der Kerzen

In den Mittelmeerländern wurde in alter Zeit eine mit Olivenöl gefüllte Schale, in der ein Docht schwamm, als Lichtquelle verwendet. Im nördlichen Europa, wo man natürliches Öl in dieser Form noch nicht kannte, waren Kerzen und Fackeln die einzigen Lichtquellen. Das arme Volk hingegen tauchte Holzsplitter oder Leinenstreifen in Tierfett, Talg oder auch Bienenwachs.

> Wie in den Bestimmungen und Gesetzen der Kerzenmacher festgelegt war, verwendete man früher das Bienenwachs überwiegend als allgemeine Lichtquelle und im religiösen Bereich.

In den Ländern mit überwiegend römisch-katholischem Glauben gibt es heute noch einen größeren Bedarf an solchen Kerzen, obwohl die Altarkerzen häufig nicht mehr aus reinem Bienenwachs hergestellt werden. Neben dem historischen Hintergrund hatte und hat das Bienenwachs im christlichen Glauben immer noch eine sehr große Bedeutung.

So gilt die Meinung, dass das von den jungfräulichen Arbeitsbienen produzierte Bienenwachs mit dem Körper Christi vergleichbar ist, dem Licht dieser Welt. Der Docht der Wachskerze symbolisiert die Seele Christi und die reine Flamme ist der Heilige Geist.

Einzelheiten über die Kerzenherstellung besagen, dass das Wachs für die Kirchenkerzen gelb oder goldfarbig sein sollte, damit man sofort erkennt, dass es sich um Bienenwachskerzen handelt. Ein sehr helles oder gebleichtes Wachs könnte leicht den Verdacht aufkommen lassen, dass es sich um ein Paraffinprodukt handelt. Lange Zeit wurden deshalb die

Weiße Altarkerzen in einer Kirche in Friedrichstadt in Schleswig-Holstein

Altarkerzen aus reinem Bienenwachs hergestellt. Heute ist das leider, wie schon oben bemerkt, nicht mehr der Fall, denn dieses Gebot wurde zum Beispiel in Deutschland aufgehoben. In Italien, Südfrankreich, Österreich und Süddeutschland hingegen konnte sich partiell der alte Brauch, in der Kirche nur Bienenwachskerzen zu verwenden, noch halten.

Herstellung von Kerzen

Die Vielfalt der Wachse und deren ebenfalls unterschiedliche Verwendungsmöglichkeiten sind abhängig von ihren chemischen und physikalischen Eigenschaften. Aus fast allen Wachsen lassen sich Kerzen herstellen, die sich nicht nur in der Vergangenheit, sondern auch heute noch einer hohen Wertschätzung erfreuen. Überwiegend sind sie aus synthetischen und halbsynthetischen, aber auch aus natürlichen Wachsen gefertigt. Bienenwachs spielt dabei eine bedeutende Rolle, auch wenn es das teuerste Wachs ist.

Nicht nur zur Weihnachtszeit, sondern zu allen großen und kleinen Anlässen sowie zu kirchlichen und festlichen Veranstaltungen verbreitet das Licht der Kerze Atmosphäre und Wohlbehagen. Auf keiner festlich gedeckten Tafel fehlen Kerzen. Sie sind die Mittler für Entspannung, Freude und Gemütlichkeit.

Den Bienenwachskerzen kommt dabei noch eine ganz besondere Rolle zu, denn sie verstrahlen nicht nur ein feierliches Licht, sondern verströmen auch einen herrlichen Duft.

Zum Wickeln von Kerzen benötigt man die schon mehrfach erwähnten Wachsplatten mit Zellprägung. Der Imker nennt sie Mittelwände, weil die Bienen von beiden Seiten die Zellen errichten und diese Platte sich anschließend in der Mitte der Wabe befindet.

Das Material für gegossene Kerzen ist das vom Imker gewonnene und gereinigte Wachs. Nichtimker können sich entweder dort mit Wachs eindecken oder im einschlägigen Hobby- und Bastelmarkt Wachsplatten oder Wachspastillen erwerben. Dort bekommt man auch das benötigte Zubehör wie Dochte, Formen und Verzierungen.

Ablauf des Kerzenabbrandes

Bei der Herstellung von Kerzen muss einiges beachtet werden. Dazu gehört auch das Abbrennverhalten von Kerzen. Die Kerze besteht grundsätzlich aus einem brennbaren Wachs und einem Docht, der die Aufgabe hat, das flüssige Wachs zur Flamme zu transportieren. In der Regel besteht der Docht aus Baumwolle. Das Wachs steigt im Docht bis zur Flamme auf, wo es in den gasförmigen Aggregatzustand wechselt und mithilfe des Sauerstoffes in der Umgebungsluft verbrennt. Es ist wichtig zu wissen, dass dabei sehr hohe Temperaturen entstehen, die am Rand der Flamme 1400 °C und mehr erreichen können. Der mittlere, hell leuchtende Teil der Flamme erreicht ca. 1200 °C. Hier werden die feinen Rußteilchen regelrecht verglüht.

Das nebenstehende Bild verdeutlicht noch einmal den Brennvorgang.

Durch Verbrennung des Wachses entstehen in Zone 4 Wasserdampf und Kohlendioxid

1400°C - Zone 4

Leuchten glühender Rußpartikel

Bildung von Rußpartikeln

1200°C - Zone 3
1000°C - Zone 2
800°C - Zone 1

Wachs wird verdampft und teilweise verbrannt

Schematische Darstellung des Verbrennungsvorganges in einer Kerzenflamme

Kerzendochte

Ohne den passenden Docht ist eine Kerze praktisch wertlos. Eine Kerze brennt perfekt ab, wenn das Wachs restlos bis zum Rand geschmolzen und verbraucht wird. Auf keinen Fall darf der Docht zuvor umfallen und die Kerze darf nicht rußen.

Diese Vorgaben möglichst perfekt zu erfüllen, erfordert immer individuelle Versuche.

Die hier im Folgenden angegebenen Dochtstärken stellen nur Richtwerte dar. Die Verantwortung für guten Abbrand liegt beim Hersteller der Kerze. Allein aus dem Durchmesser des Dochtes kann man keine Rückschlüsse auf das Brennverhalten ziehen.

Flachdocht kann für alle Wachsarten, ausgenommen Bienenwachs, bei der Kerzenherstel-

Der Runddocht muss so in die Kerze eingelegt bzw. eingespannt werden, dass die Öffnung des „V", das sich aus dem Flechtmuster ergibt, nach oben zeigt bzw. die Spitze des „V" nach unten gerichtet ist.

lung verwendet werden. Bei Flachdocht ist es auch egal, in welche Richtung er eingelegt wird. Runddochte aus Baumwolle besitzen jedoch die absolute Favoritenstellung.

Sie sind geflochten und für den Transport des flüssigen Wachses zur Flamme ist es wichtig, dass der Docht so eingelegt wird, das die Spitze des V-förmigen Flechtmusters nach unten zum Fuß der Kerze zeigt.

Docht besteht aus mehreren langfaserigen verflochtenen Baumwollsträngen und hat die Aufgabe, das Brennmaterial zur Flamme zu transportieren.

> Die Wahl des richtigen Dochtes ist abhängig von der Kerzenart, dem Kerzendurchmesser und der Herstellungsweise der Kerze.

Runddochte haben, wie oben schon bemerkt, den Vorteil, dass man sie für alle Wachsarten und Kerzen verwenden kann. Qualitätsdochte

Der Docht ist zum Flammenrand gekrümmt, ein Zeichen für einen sauberen und kompletten Abbrand, weil die Sauerstoffzufuhr gut ist.

werden aus gereinigtem Baumwollmaterial hergestellt. Vor der eigenen Weiterverwendung empfiehlt sich das Wachsen der Dochte, indem man sie in flüssiges Wachs taucht oder durch ein Wachsbad zieht. Die Qualität des Dochtes bestimmt seine Krümmung während des Abbrandes und damit Größe und Form der Flamme.

Die Dochtspitze soll sich zum äußeren Flammenrand biegen, damit die optimale Sauerstoffmenge zur Flamme gelangen kann und die Verbrennung vollständig ist.

Wenn sich die Dochtspitze in der Flamme befindet, ist die Verbrennung unvollständig und Rußbildung ist die Folge.

Ein zu schwacher Docht ist nicht in der Lage, das geschmolzene Wachs aufzunehmen und zur Flamme zu transportieren. In der Folge tritt es über den Kerzenrand und läuft an der Kerze herunter. Ist der Kerzendurchmesser zu groß, sammelt sich das flüssige Wachs und ertränkt die Flamme.

Ist der verarbeitete Docht im Verhältnis zur Kerzenstärke zu dick, reicht das geschmolzene Wachs nicht aus und die Flamme rußt. Im Zweifelsfall sollte der Docht eine Nummer kleiner gewählt werden.

Die Dochtgröße ist in der Tat eine Wissenschaft für sich. Obwohl es unzählige Tabellen für Kerzengröße und -arten und die dazugehörigen Dochtgrößen gibt, besteht keine absolute Verbindlichkeit für die Richtigkeit der Wahl. Die Gründe dafür sind unterschiedlich, so gibt es unterschiedliche Qualitäten beim Dochtmaterial und ebenso qualitativ unterschiedliche Herstellungsverfahren sowie die ebenfalls unterschiedlichen Wachse und Wachsmischungen, aus denen die Kerzen gerollt oder gegossen wurden. Nach dem Motto „Probieren geht über Studieren" sollte man deshalb solche Tabellenangaben als Faustregeln mit großzügigem Experimentierspielraum ansehen.

> Die Dochtwahl ist auch vom eigenen Geschmack abhängig.

Wer z. B. gerne Kerzen mit Laterneneffekt hat, d. h., dass der Kerzenrand teils zerklüftet stehen bleibt und die Kerzenflamme von innen heraus leuchtet, muss einen dünneren Docht verwenden. Soll kein Kerzenrand stehen bleiben, dann muss der Docht etwas stärker sein, allerdings neigen solche Kerzen eher zum Tropfen.

Der Fachhandel arbeitet mit einem weitestgehend einheitlichen System bzw. einer Norm für Dochtdicken. Dadurch ist es möglich, anhand der Dicke der geplanten Kerzen die entsprechenden Dochte zu kaufen bzw. sich einen Vorrat in den Größen anzulegen, die man herzustellen beabsichtigt.

Wie oben schon erwähnt wird sehr häufig Flachdocht verwendet.

Er kann nur für die nachstehenden Wachse Verwendung finden und ist nicht für Bienenwachs geeignet.

Flachdocht besteht aus drei Flechtsträngen mit der angegebenen Anzahl an Fädchen. Die Laufrichtung spielt dabei keine Rolle.

Dochtstärke nach verwendetem Kerzenmaterial und -durchmesser[4]

Kerzenmaterial	Kerzen-Ø	Dochtstärke
Paraffin-, Stearingemisch und Gelkerzen	15–25 mm	Flachdocht 3 x 7
Paraffin-, Stearingemisch und Gelkerzen	20–60 mm	Flachdocht 3 x 9
Paraffin-, Stearingemisch und Gelkerzen	40–60 mm	Flachdocht 3 x 12
Dickere Dochte in Gelkerzen neigen meist zum Rußen.		
Paraffin-, Stearingemischkerzen	ca. 60 mm	Flachdocht 3 x 15
Paraffin-, Stearingemischkerzen	ab 60 mm	Flachdocht 3 x 18
Paraffin-, Stearingemischkerzen	ab 70 mm	Flachdocht 3 x 21
Für dickere Kerzen		Flachdocht 3 x 27

Dicke der Runddochte für Bienenwachskerzen[5]

Gewickelte Kerzen (Wachsplattenmaß ca. 350 x 200 mm)	
Docht-Nr.	Anz. der Wachsplatten
0	1/6 Wachsplatte für Christbaumkerzen
2	1 (konische Kerzen)
4	1
6	2
8	3
10	4

Dicke der Runddochte für gegossene und getauchte Kerzen

Docht-Nr.	Kerzen-Ø in mm
2	12–14
4	20–25
6	30–35
8	35–40
12	45–55

---

[4] Kerzenmacher.info
[5] Spürgin, Bienenwachs

Sicherheitsempfehlungen

Wie oben schon zu erkennen war, entwickeln Kerzen sehr hohe Temperaturen, die Gefahren mit sich bringen, wenn man fahrlässig damit umgeht.

Deshalb ist es erforderlich, folgende Grundvoraussetzungen zu schaffen bzw. Regeln einzuhalten:

1. Man benötigt eine feuerfeste Unterlage, auf der die Kerze nicht umfallen kann. Ich bevorzuge Kerzenhalter oder Glasschalen.
2. Brennende Kerzen dürfen nie unbeaufsichtigt sein.
3. Die Kombination Kinder und brennende Kerzen funktioniert nur, wenn Erwachsene unmittelbar dabei sind und die Kinder beaufsichtigen.
4. Kerzen, die auf Adventgestecken oder Weihnachtsbäumen angebracht werden, benötigen einen sicheren Kerzenhalter. Insbesondere hier gilt es, besonders aufmerksam zu sein und bei Verlassen des Raumes die Kerzen zu löschen.
5. Dort, wo sich brennende Kerzen befinden, darf kein brennbares Material in der Nähe sein oder damit hantiert werden.

Tipps für die Brennqualität

Zur Vermeidung von Problemen und Ärgernissen mit selbst gefertigten Kerzen werden hier einige kleine Tipps, die manchen Frust vermeiden helfen sollen, angeführt.

Kerzen werden aus verschiedenen Wachsen gefertigt. Sie alle und insbesondere die Bienenwachskerzen bedürfen einer gewissen Pflege und Bearbeitung, um schließlich ihr warmes Licht ungetrübt verströmen zu können.

Kerzenflamme löschen

Eine wichtige Regel besteht darin, dass man die Kerzen nicht ausbläst, sondern die Flamme mit einem Kerzenlöscher löscht.

Man kann auch den Docht ins flüssige Wachs drücken und ihn danach wieder aufrichten. Das ist aber häufig mit Kleckerei verbunden und auch nicht die optimale Lösung, eine Kerze zu löschen.

Mit einem Kerzenlöscher kann man bequem und gefahrlos die Kerzenflamme ersticken. Die am Ende des Löschers befindliche Glocke ist beweglich und passt sich dadurch jedem Winkel an, egal wo die Kerze steht.

Zugluft vermeiden

Kerzen sollte man nicht in Zugluft brennen lassen, weil sie dadurch einseitig abbrennen, auslaufen und rußen können.

Kerzenrand

Bleibt ein Kerzenrand stehen, dann ist der Docht zu dünn gewählt und die Flamme ist nicht in der Lage, den gesamten Kerzendurchmesser zu

Die bei Abbrennen der Kerze verbleibenden Wachsränder sind oft nicht erwünscht, geben der Kerze aber einen besonderen Touch.

schmelzen. Manchmal ist dieser Effekt gewünscht, weil der beim Abbrennen entstehende zerklüftete Rand einer gewickelten Bienenwachskerze einen besonderen Reiz hat. Will man das aber vermeiden, dann muss beim nächsten Kerzenwickeln der richtige Docht verwendet werden.

Rußentwicklung

Rußende Kerzen sind ein Indiz dafür, dass der Docht zu lang ist oder aus schlechtem Material gefertigt wurde.

Tropfen verhindern

Wachstropfen auf der Tischdecke sind ein wahres Ärgernis. Um das zu verhindern, verwendet man entweder einen Kerzenhalter oder eine großflächige Kerzenschale, die das abtropfende Wachs aufnehmen kann, oder man verwendet Carnaubawachs, mit dem übermäßiges Tropfen ebenfalls vermieden bzw. zumindest eingeschränkt werden kann. Carnaubawachs besitzt nämlich, wie schon erklärt wurde, einen Schmelzpunkt von etwa 80 °C, der damit um etwa 20 °C über dem Schmelzpunkt von Paraffin liegt.

Da der Schmelzpunkt aber nicht mehr als 8 % über dem des anderen Wachses liegen darf, benötigt man nur wenig Carnaubawachs. 100 g weißes oder farbiges Paraffin und 5 g Carnaubawachs werden zu diesem Zweck im Wasserband geschmolzen und die Kerze wird einmalig in dieses Wachs getaucht. Durch diese Maßnahme lässt sich das Tropfen recht gut reduzieren bzw. vermeiden.

Gerollte Kerzen aus Bienenwachs

Gerollte Kerzen sind sehr einfach anzufertigen und bieten unüberschaubare Möglichkeiten hinsichtlich der Vielfalt an Motiven und Dekorationen. Sowohl Erwachsene als auch Kinder können dabei gefahrlos viel Spaß und Freude haben. Dabei sind der eigenen Kreativität keine Grenzen gesetzt, weil man mit Formen und Verzierungen einen fast endlosen Spielraum besitzt.

Im Imkerfachhandel gibt es sowohl reine Wachsmittelwände für den imkerlichen Betrieb und spezielle für die Kerzenherstellung. Viel breit gefächerter ist das unermessliche Angebot der Händler für Bastel- und Kerzenbedarf. Dort bekommt man auch farbige Wachsplatten, Wachsfarben und alle möglichen und zu jedem Anlass passenden Verzierungen und Applikationen für Kerzen.

In diesem Buch werde ich nur partiell darauf eingehen können, weil ansonsten der Rahmen gesprengt werden würde.

Eine breite Palette gerollter Kerzen aus Bienenwachs auf dem Stand eines Händlers

Ein Kind beim Rollen konischer Kerzen auf einem Herbstmarkt in Schleswig-Holstein

Vorbereitung

Um Bienenwachskerzen zu rollen, werden Wachsplatten mit Zellstruktur benötigt. Der Bastel-Handel bietet darüber hinaus auch Wachsplatten ohne Zellprägung an, aus denen glatte gerollte Kerzen entstehen können, die sicherlich auch ihren Reiz haben und die man anschließend mit Wachs-Pens verzieren kann, was bei Wachsplatten mit Zellprägung weniger gut geht.

Ehe man mit dem Rollen von Kerzen beginnt, müssen die Mittelwände mindestens eine Temperatur von 25 °C oder mehr haben, damit sie sich auch wickeln lassen. Ansonsten würden sie dabei brechen.
Auch der Arbeitsraum muss warm sein.

Bevor man mit dem Rollen von Kerzen beginnt, sollten die Dochtstücke auf die erforderliche Länge geschnitten und zum Wachsen in einen Wachstopf getaucht werden. Dann lässt man sie abtropfen und erkalten.

Da Wachs leicht am Tisch oder an Werkzeugen haftet, empfiehlt sich die Verwendung eines älteren Tisches oder die gänzliche Abdeckung desselben. Häufig muss auch geschnitten werden, weshalb auch eine Schneideunterlage wichtig ist. Das kann eine Holzplatte oder eine Kunststoffunterlage sein, die man auf den Tisch legt.

Zum Zuschneiden der Mittelwände wird ein Messer und zum Zuschneiden der Dochte eine Schere benötigt.

Rollen zylindrischer Kerzen

Ganz nach Wunsch und Geschmack lassen sich gerollte Kerzen in nahezu jedem Durchmesser herstellen. Wichtig ist dabei nur, dass auch der passende Docht bereit liegt. Welches der richtige Docht ist, entscheidet die vorgesehene Stärke der Kerze. Im Teil „Kerzendochte" sind detaillierte Hinweise zur Dochtauswahl gegeben. Die erste Mittelwand wird auf die Arbeitsplatte gelegt und der gewachste Docht auf dem unteren Ende platziert. Dabei ist die Dochtrichtung zu beachten. Ich halte es so, dass sich die spätere Kerzenspitze von mir aus betrachtet immer links befindet. Das offene „V" des Flechtmusters zeigt in diesem Fall analog ebenfalls nach links.

Der Docht wird nun etwas in das weiche Wachs der Mittelwand gedrückt und man beginnt gleichmäßig und auf der ganzen Länge die Mittelwand erst einmal um den Docht zu legen.

Ich fixiere ihn manchmal auch mit ein paar Tropfen flüssigen Wachses von einer brennenden Bienenwachskerze. Dadurch liegt er fest und es ist einfacher, die erste Wicklung zu machen.

Bricht dabei stellenweise die Mittelwand, dann ist das auch kein Problem, denn die nächsten Wicklungen überdecken ja schließlich diese erste Windung. Ist die erste Mittelwand fast aufgerollt, aber eine dickere Kerze vorgesehen, stößt man einfach eine weitere Mittelwand an das Ende der ersten an und wickelt weiter. Bei der Wicklung der ersten Mittelwand kann man leicht etwas nach rechts verziehen (bei meiner Methode mit

Einige gewickelte Kerzen, die auch Verzierungen erhalten haben (mehr im Kapitel Verzierungen)

Der Anfang ist gemacht. Nach der ersten Wicklung lässt sich die Mittelwand leichter rollen.

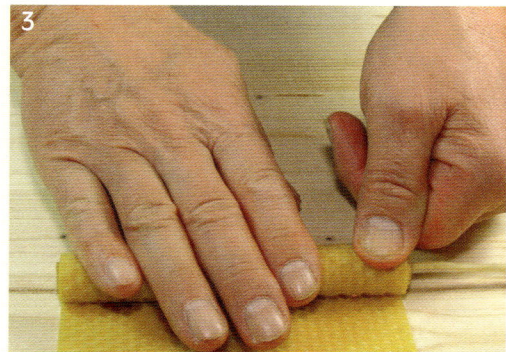

Trotz ihrer Schlichtheit haben gerollte Kerzen einen besonderen Reiz. Mit etwas Dekoration, wie hier mit zwei Ansteckbienen, kann man sie noch weiter aufwerten.

der Kerzenspitze links). Dadurch entsteht am Docht ein kleiner, abwärts führender Kegel, der eine Kerze erst so richtig attraktiv werden lässt. Diesen Kegel lässt man langsam auslaufen, sodass man wieder zur zylindrischen Form zurückkehrt.

Beim Wickeln der Kerzen muss maßvoll, aber fest gerollt werden. Dabei darauf achten, dass man die angestrebte Richtung beibehält. Das geht durch Druck- und leichte Schiebekorrekturen während des Rollens.

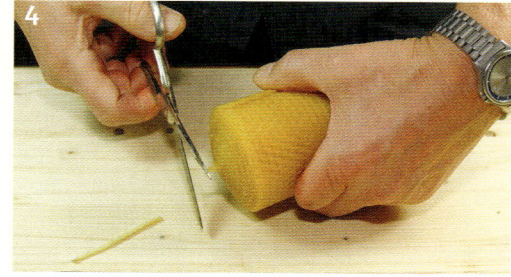

Eingewachster Docht, den man nun mit etwas Druck in die weiche Mittelwand drückt, ehe die erste Wicklung gerollt wird.

Kürzen des Dochtes mit einer Schere

Rollen kegelförmiger Kerzen

Mit dem gleichen Material, ähnlicher Vorgehensweise und etwas Fantasie lassen sich auch Kerzen mit anderen Formen herstellen. Hier soll die Anfertigung einer schlichten kegelförmigen Kerze vorgestellt werden. Zu diesem Zweck zertrennt man eine Mittelwand diagonal mit Messer und Lineal. Das Ergebnis sind zwei Dreiecke, aus denen bei dieser Art der Herstellung anschließend zwei Kerzen entstehen. Die Herstellung wird nachstehend Schritt für Schritt durch Fotos und Erklärungen illustriert.

Noch ein Hinweis vorab: Diese Kerzen müssen besonders fest gerollt werden, damit die Windungen einen festen Verbund darstellen.

Die kleine Standfläche der Kerze und ihre relativ große Länge bieten keine guten Voraussetzungen für eine sichere Aufstellung. Es ist deshalb empfehlenswert, alle Kerzen dieser Art in Kerzenhaltern bzw. ähnlichen geeigneten Halterungen oder Gläsern unterzubringen, damit sie nicht umfallen und damit zu einer Brandgefahr werden können.

Hohe doppelte Version

Bei dieser Art einer kegelförmig gerollten Kerze wird ebenfalls eine Mittelwand verwendet, die mithilfe eines Cuttermessers und eines Lineals diagonal in zwei Hälften getrennt wird. Der Schnitt verläuft dabei allerdings nicht von Ecke zu Ecke, sondern beginnt etwa 4 cm von der Außenseite entfernt und endet auf der Gegenseite ebenfalls mit gleichem Abstand zur Außenseite. Der versetzte Schnitt führt dazu, dass die daraus entstehende Kerze am Dochtanfang eine flache Ausgangsposition bekommt, was ein eventuelles Tropfen nach dem Anzünden verhindert, weil sich das flüssige Wachs in einem Kegel sammeln kann.

Die brennende Kerze vermittelt Wärme und Behaglichkeit im Wohnumfeld.

Eine Mittelwand mit den Maßen 26 x 42 cm (Dadantblatt) wird so zertrennt, dass jede Hälfte eine kurze Seite von ca. 4 cm besitzt.

Beide Hälften werden, wie im Bild zu sehen ist, teilweise übereinander gelegt. Auf der langen Seite unten wird der vorgewachste Docht fixiert.

Das Rollen dieser Kerze erfordert wegen der großen Länge von 42 cm zumindest am Anfang mehr Aufmerksamkeit und Sorgfalt.

Die Kerze ist fertig gewickelt. Jetzt kann der Docht mit der Schere auf die erforderliche Länge gekürzt werden.

Kurze einfache Version

Bei dieser Variante wird wiederum eine große Mittelwand verwendet, die ebenfalls wie schon zuvor mit einem Messer diagonal so in zwei Teile getrennt wird, dass jeweils eine schmale Seite von ca. 3 cm entsteht.

Jeder Teil dieser Mittelwand wird nun zu einer Kerze gerollt. Allerdings wird nicht von der langen Seite eingerollt, sondern von der kurzen. Dadurch wird die Kerze kürzer, aber im Verhältnis gesehen auch dicker.

Diese Kerzen sind wegen ihrer geringeren Höhe auch etwas standfester. Die Fotos sollen die Herstellung Schritt für Schritt illustrieren.

Eine brennende kleine kegelförmige Kerze als Dekoration auf einem Sideboard

Beide Teile der einstigen Mittelwand. Links oben kann man die kurze Seite sehen, die wiederum den Kopf der Kerze bilden wird.

Der Docht ist auf der kurzen Seite eingelegt, von wo aus auch das Rollen der Kerze beginnt.

Im Gegensatz zur kurzen Seite, kann man solche Kerzen auch von der langen Seite her zu wickeln beginnen. Allerdings ist das Endprodukt eine lange und relativ dünne Kerze, die besonderer Aufmerksamkeit hinsichtlich ihres Aufstellplatzes bedarf.

Die fertige Kerze, die eine peitschenförmige Form besitzt.

Kegelförmige Kerzen aus farbigen Wachsplatten

Der Bastelbedarf bietet Wachsplatten mit Zellprägung und Bienenwachsanteilen in mehreren Farben an. Damit lassen sich Kerzen in allen Formen und Farben herstellen. Insbesondere die Verwendung mehrerer Farben in einer Kerze ist sehr reizvoll. Um diese Farben auch sichtbar zu machen, muss man in diesem Fall die Kerzen kegelförmig rollen. Dazu bedarf es einer besonderen Vorgehensweise beim Zuschnitt.

Wenn vier halbe Wachsplatten für eine Kerze verwendet werden sollen, deren Herstellung nachstehend beschrieben wird, dann behält ein Dreieck seine volle Größe und jedes andere wird jeweils ein wenig kleiner.

Vier brennende farbige und kegelförmig gerollte Kerzen.

Man beginnt mit dem größten Dreieck, indem man den Docht durch eine Wicklung fixiert. Der Docht wird unter die große Platte gelegt und

nach Einlegen des Dochtes beginnt man mit dem Rollen. Dabei müssen natürlich alle Platten gleichzeitig gerollt werden.

Der Handel für Bastelbedarf bietet Wachsplatten in vielen Farben an. Vielfach gibt es bereits Abpackungen solcher Platten in mehreren Farben.

Die weiteren, kleiner werdenden Platten werden eingelegt und das ganze Paket bis zum Ende fest zusammengerollt.

Zuschneiden der Dreiecke aus den Wachsplatten mithilfe eines Cutters und eines Lineals

Der Docht wird in das größte Dreieck eingelegt und fixiert.

Eine Reihe attraktiver, farbiger, kegelförmig gerollter Kerzen

Eckige Kerzen

Einfache Version

Überwiegend werden gewickelte Kerzen als runde oder konische Kerzen gefertigt. Aber aus diesen Wachsplatten lassen sich auch sehr hübsche eckige Kerzen mit quadratischem Querschnitt herstellen.

Im folgenden Beispiel soll eine eckige Kerze mit Seitenlängen von 50 mm entstehen. Dazu schneidet man aus den Wachsplatten 50 mm breite Streifen. Das ist wegen der Zellprägung nicht ganz so einfach, aber mit etwas Geduld und Gewissenhaftigkeit klappt das auf jeden Fall. Verwenden Sie als Anlage für das Messer oder Rundmesser ein Lineal, an dem das Messer vorbeigeführt werden kann. Zuvor hat man natürlich die Breite gemessen. Die Streifen werden übereinandergelegt und in der Mitte wird der Docht befestigt. Die Wachsstreifen haften durch das Andrücken fest aneinander. Zuletzt wickelt man noch eine komplette Wachsplatte um die Streifenkerze und versteckt damit die Schnitt- und eventuellen Fehlerstellen. Zuletzt rückt und drückt man die Kerze noch in die Endform und fertig ist eine hübsche eckige Mittelwandkerze mit Zellstruktur.

Der eigenen Kreativität ist natürlich nie eine Grenze gesetzt, deshalb kann man ganz nach eigenem Geschmack hier oder dort Verzierungen oder Applikationen anbringen.

Batterie-Version

Viel Licht und Atmosphäre verbreitet diese Version einer eckigen Kerze. Sie ist überaus einfach herzustellen und kann zu verschiedenen Anlässen das I-Tüpfelchen sein. Sowohl als Dekoration als auch als Lichtquelle für ein herbstliches, österliches, winterliches oder Advent-Arrangement ist diese Form von Kerze sehr gut geeignet. Je nach Vorliebe muss man sich schließlich entscheiden, welche Größe das Ganze haben soll. Ich stelle hier eine Variante vor, die ausreichend scheint.

Zuerst muss man vier Kerzen gleicher Dicke und Länge anfertigen. Das geschieht analog wie an anderer Stelle schon beschrieben. Zuletzt werden die vier Einzelkerzen auf eine Wachsplatte gelegt und von dieser eingerollt.

> Dabei muss darauf geachtet werden, dass die vier einzelnen Kerzen so neben- und übereinander liegen, dass am Ende ein viereckiges Konstrukt entsteht, in das die vier einzelnen Kerzen fest eingebunden sind.

Da eine einzige Mittelwand nicht ausreicht, um alle vier Einzelkerzen einzuhüllen, muss man mindestens eine weitere Mittelwand anhängen. Wenn die Einzelkerzen dicker angelegt wurden, benötigt man selbstverständlich auch mehr Mittelwände für den Außenmantel.

Eine brennende Kerzenbatterie ist sehr, sehr dekorativ.

Jeder der gerollten Einzelkerzen besteht aus einer Wachsplatte von 16 x 42 cm

Die Einzelkerzen sind fertig gerollt. Bei der letzten wird der Docht noch korrigiert.

Mit weiteren Mittelwänden der gleichen Größe, wie sie bei der Herstellung der Einzelkerzen Verwendung fanden, werden diese nun eingewickelt.

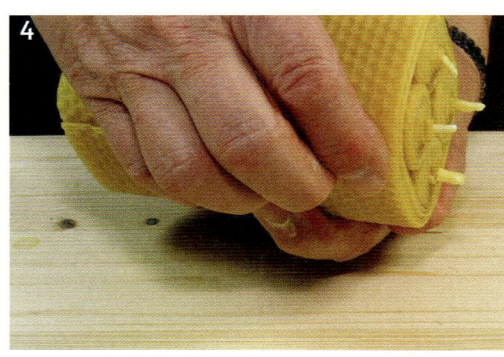

Das Ende der letzten Mittelwand für diese Kerzen-Batterie wird nun durch Andrücken und Verstreichen befestigt.

Gerollte Kerzen verzieren

Obwohl gerollte Kerzen, insbesondere Bienenwachskerzen, durch Duft und Farbe ihr eigenes Flair besitzen, möchte der eine oder andere Besonderheiten in Form von Verzierungen oder Abbildungen, die vielleicht einen bestimmten Anlass darstellen, an den Kerzen anbringen.

Dazu kann man Mittelwandstreifen, Dreiecke und andere geometrische oder symbolische Formen aus Wachs anbringen, die durch leichtes Andrücken am Kerzenkörper befestigt werden.

Ausstechformen für Plätzchen bieten eine Vielfalt von Möglichkeiten und mit ihnen kann man ganz nach eigenem Geschmack und Vorstellung Motive aus Mittelwänden ausstechen und an den gewickelten Kerzen anbringen. Der eigenen Kreativität ist dabei wieder eine schier unerschöpfliche Vielfalt an Ideen gegeben. Darüber hinaus gibt es im Handel auch farbige Wachsblätter, Wachsfolien, Verzierwachs und mehr, um die Kerzen zu dekorieren.

Osterkerze

Um eine gerollte Osterkerze zu gestalten, benötigt man entweder eine Vorlage oder man lässt
der eigenen künstlerischen Begabung Raum, um
ein passendes Motiv zu entwickeln, dass schließlich auf der Kerze Platz finden soll.

Hier habe ich als Vorlage einen Osterhasen
gewählt, der Schritt für Schritt vom Papier auf
die Kerze gelangen soll.

*Zuerst braucht man eine Idee, die man zu
Papier bringt, oder eine Vorlage, wie hier. Diese
platziert man schließlich auf der Mittelwand.*

*Mit etwas österlicher Dekoration gewinnt die
Kerze noch zusätzlich an Schönheit.*

*Mit einem Cutter schneidet man entlang der
Zeichnung die darunterliegende Wachsfigur
aus.*

*Nach dem Ausschneiden der zweiten Bild-
häfte werden die beiden Teile dann auf dem
Kerzenkörper durch Andrücken angepasst
und befestigt.*

Valentinskerze

Auch zum Fest der Liebe, dem Valentinstag, kann man Kerzen als Zeichen der Zuneigung verschenken. Mit etwas Geschick und Kreativität ist eine solche Kerze rasch geschaffen. Benötigt wird dazu ein bereits gerollter Kerzenkörper, Formen zum Plätzchen ausstechen, ein Messer und eine Mittelwand.

Zum Verzieren werden einige Wachsstreifen benötigt, die man mittels Cutter und Lineal aus einer Bienenwachs-Mittelwand schneidet.

Die Wachsstreifen werden symmetrisch an der Kerze angebracht.

Die Valentinskerze verbreitet ihr warmes Licht für die Liebenden.

Die mit den Plätzchenformen ausgestanzten Wachsherzchen und -sternchen werden mit den Wachsstreifen auf der Kerze befestigt. Das geschieht durch Andrücken. Voraussetzung dabei ist, dass der Raum und das Material warm sind. Das ist bei jeglicher Wachsverarbeitung von größter Bedeutung.

Andere Verzierungen

Bei gerollten Kerzen aus Bienenwachs bietet es sich sehr gut an, wenn man Ansteckbienen anbringt. Das macht diese Art von Kerze noch authentischer, als sie schon ist. Es schaut dann aus, als ob sich Bienen über die Zellstruktur der Kerzen bewegen. Aus eigener Erfahrung kann ich sagen, dass diese Art der Verzierung jeden Interessenten und Käufer begeistert.

> Man sollte aber in jedem Fall wissen und auch darüber informieren, dass diese Bienen aus Plastik sind und deshalb beim Abbrennen der Kerze vorher herausgezogen werden müssen.

Einige zylindrisch gerollte Bienenwachskerzen von unterschiedlichem Durchmesser mit Ansteckbienen

Kerzen mit religiösem oder auf die Region bezogenen Applikationen werden besonders gerne zu Festtagen von Gläubigen oder wegen des regionalen Charakters von Touristen gekauft. Religionsbezogene Applikationen sind auch im Fachhandel käuflich zu erwerben.

Links: Hier wurde mit überlappenden Romben, Streifen und Ansteckbienen gearbeitet. Mitte: Eine dicke gewickelte Kerze mit einer Wachsapplikation der Jungfrau Maria mit dem Jesuskind. Rechts: Der regionale Bezug wird durch die Anbringung des Länderwappens von Kärnten deutlich.

Hier eine gewickelte Kerze mit einer imkerlichen Applikation, die einen Bienenkorb mit einer Biene zeigt.

Kerzen gießen

Kerzen lassen sich auf unterschiedlichste Art und in vielfältigster Größe und Form durch Gießen in Formen aus Kautschuk, Kunststoff, Metall oder auch Glas herstellen.

Die eleganteste Art ist das Gießverfahren in Silikonkautschukformen. Diese gibt es in reichlicher Auswahl im Imkereibedarf, im Handel und Internethandel für Bastel- und Hobbybedarf.

Zur Umsetzung eigener Ideen und Formen ist es auch möglich, solche Formen selbst herzustellen.

Dazu ist aber einiger Aufwand erforderlich, auf den ich später genauer eingehe.

> Zum Gießen eignet sich insbesondere Bienenwachs mit seinem hohen Schmelzpunkt (ca. 65 °C), das man vom Imker oder in Pastillenform auch im Fachhandel erwerben kann.
> Bienenwachs hat allerdings seinen Preis, denn es ist nicht unbegrenzt verfügbar und ist außerdem ein reines und unbedenkliches Naturprodukt.

Preiswerter und am häufigsten verwendet wird Paraffin, gefolgt von Stearin.

Paraffin hat einen Schmelzpunkt von etwa 55 °C. Um die Gießeigenschaften zu verbessern, gibt man ihm 10 oder 20 % Stearin bei. Daraus entsteht das so genannte Gießwachs, auch Kompositionswachs genannt, das es in Form von Pastillen auf dem Markt gibt.

Stearin hat eine reinweiße Farbe und eignet sich dadurch auch besonders gut zum Einfärben. Der Schmelzpunkt liegt bei 60 °C.

Sowohl das fertige Gießwachs in der oben genannten Zusammensetzung wie auch Stearin und Paraffin erhält man im Fachhandel.

Kerzengießen in Plastikformen

Der sehr gut sortierte Handel für Hobbybedarf bietet eine kaum überschaubare Auswahl an Kerzenformen aus Plastik an. Das sind zumeist gezogene und gepresste Formen, die zwar preiswert, aber auch schnell verschlissen sind. Wie bei fast allen Kerzenformen befindet sich die Spitze der Kerze auf der Unterseite. Dort ist auch eine Öffnung für den Docht. Dieser wird dort durchgezogen und am besten außen mit einem Knoten versehen. Da der Knoten ein Auslaufen des Wachses kaum zu verhindern vermag, empfiehlt es sich, diese Öffnung mit einer speziellen Dichtmasse, die sich wie normale Knetmasse anfühlt und im Fachhandel zu haben ist, abzudichten. Das andere Ende des Dochtes wird straff gespannt und durch den Dochthalter im Zentrum der Form gehalten. Es gibt auch Plastikformen, die unten keine Öffnung für den Docht besitzen, sondern nur eine Vertiefung. Hier muss das Ende des Dochtes mit etwas Knetmasse oder Klebewachs fixiert werden. In dem Fall kann man den Docht auch nicht straff ziehen, sondern nur im Lot halten.

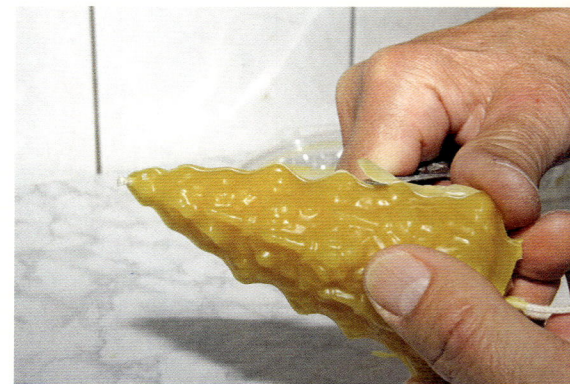

Entfernen des Wachsgrates mit dem Messer ist eine schnelle und einfache Methode.

Komplizierter sind Plastikformen, die aus zwei Halbschalen bestehen, die fest zusammengehalten werden müssen, damit das flüssige Wachs nicht auslaufen kann. Diese Formen sind sehr preiswert. Sie sind tiefgezogen und es gibt sie mit vielen Motiven, ähnlich der Kautschukformen. In den USA sind sie weit verbreitet, in Deutschland dagegen kaum aufzufinden. Mit Klebeband oder Klemmzangen muss für den festen Zusammenhalt der beiden Hälften gesorgt werden.

Da man die Formen nicht einfach aufrecht abstellen kann, um das flüssige Wachs einzugießen, benötigt man bspw. Holzblöcke mit Schlitzen, in die man die Form stellt, oder man platziert sie zwischen zwei auf der Unterlage liegende Leisten, die durch Schraubzwingen zusammengepresst werden und somit die Formen am Umfallen hindern.

Für beide Kerzenformen empfiehlt sich als Trennmittel entweder ein spezieller Spray mit Teflon, der im Fachhandel erhältlich ist, oder man benetzt die Oberflächen leicht mit Speiseöl.

Damit wird verhindert, dass kleine Wachsteile nach dem Ausformen in der Form verbleiben und die gegossene Kerze Mängel aufweist. Bei den Halbschalenformen kaum zu verhindern ist ein feiner Grad auf dem ausgeformten Modell, der auf die beiden zusammengefügten und manchmal nicht ganz so dicht sitzenden Halbschalen zurückzuführen ist. Dieser lässt sich mit einem Messer leicht entfernen. Man kann die Kerzen auch für kurze Zeit ins Gefrierfach legen und diesen Grad dann anschließend einfach abbrechen.

Arbeitsbereich

Wie der Arbeitsbereich ausgestattet sein soll, hängt ganz davon ab, wie viele Kerzen angefertigt werden sollen. Sind es nur eine oder wenige Kerzen, kann man das sogar in der Küche tun. Man sollte aber auf jeden Fall dort dafür sorgen, dass es keine Schäden durch flüssiges Wachs gibt.

Kerzengießen ist nun mal eine Arbeit, bei der gekleckert wird. Deshalb müssen der Tisch, der Fußboden und andere sensible Flächen und Bereiche mit Papier oder Folie gut abdeckt werden.

Zum Verflüssigen und Flüssighalten des Wachses bei der Herstellung von kleinen oder wenigen Kerzen reicht bereits ein simpler doppelwandiger Milchtopf aus. Ist die Anfertigung größerer Mengen an Kerzen vorgesehen, dann sollte man Wohnräume möglichst meiden und einen anderen Raum außerhalb des Wohnbereiches nutzen. Auch dieser ist durch Auslegen von Papier oder Folie vor Verschmutzungen durch herabtropfendes Wachs zu sichern. Wenn eine größere Anzahl von Kerzen hergestellt werden soll, ist auch der Bedarf an Wachs größer. Um dieses zu schmelzen, reicht der Milchtopf meist nicht mehr aus. Am besten geeignet erscheint mir hierfür der Kochstar zu sein, bei dem die Temperatur geregelt werden kann und in dem ein größerer Wachstopf oder Edelstahleimer im Wasserbad Platz findet.

Generell muss gesagt werden, dass die Temperatur des Bienenwachses, unabhängig von der Gießform, möglichst nicht höher als 80 °C sein sollte, weil es sonst während des Abkühlens zu sehr schrumpft.

Arbeitsmaterialien

Folgende Materialien sollten griffbereit sein:

- Wachs in Stücken oder (besser noch) in Pastillenform
- Docht
- Schere
- Messer
- Knetmasse oder Klebewachs
- Kochlöffel
- Klemmzangen für die Halbschalenformen
- Wassertopf
- Wachsgefäß
- eventuell Tauchthermometer
- Küchentücher
- Formen
- Dochthalter
- Farben (falls erwünscht)

Bienenwachsstücke werden in einem Edelstahleimer im Kochstar geschmolzen.

Kerzengießen in Halbschalenformen

Die Verwendung von Halbschalenformen ist, was die Vorbereitung zum Gießen betrifft, sehr aufwändig, dafür ist der Anschaffungspreis solcher Formen gering. Es gibt bessere Alternativen, auf die später noch eingegangen wird.

Um zu verhindern, dass sich Wachs in der Form festsetzt, verwende ich Speiseöl, das im Innenbereich der Form dünn aufgetragen wird.

Nach dem Kürzen des Dochtes können die fertigen Eulen-Kerzen nun verpackt und gelagert werden.

Mit Spannklemmen wird die Form zusammengehalten. Unten steht sie ebenfalls eingespannt zwischen zwei Holzleisten.

Die Formen sind mit Wachs gefüllt. Es schrumpft dann aber etwas und man muss zur rechten Zeit nachfüllen, damit es noch einen nahtlosen Verbund gibt. An der rechten Eule war der Docht unten nicht richtig abgedichtet und es ist Wachs ausgetreten, das aber rasch erstarrt. Auch hier muss umgehend nachgefüllt werden.

Bienenkorb-kerze

Analog zur Eulenform, werden nun auch Kerzen in Form einer Katze, eines Lamms und eines Bienenkorbes gegossen.

Kerze mit Schäfchen-Motiv.

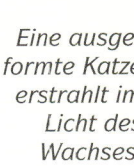

Eine ausgeformte Katze erstrahlt im Licht des Wachses.

Weihnachts-baumkerze

Kerzengießen in komplexen Plastikformen

Diese Art von Kerzenform ist sehr beliebt, preiswert und einfach zu verwenden. In diese Formen gegossene Kerzen besitzen eine glatte Oberfläche, die nach dem Erkalten auf die unterschiedlichste Art verziert, dekoriert oder für bestimmte Anlässe beschriftet werden kann. Dafür gibt es Gold- und Silberfolien, Kerzenverzierungen und vieles andere mehr im Fachhandel. Die Formen sind oben offen, wo sich später auch der Fuß der Kerze befindet und von wo das flüssige Wachs eingefüllt wird. Auf der gegenüberliegenden Seite befindet sich ein kleines Loch, durch das der Docht geführt wird, wie bereits erklärt wurde.

Kerzen aus Bienenwachs

Eine gute, je nach eigener Vorstellung und persönlichem Geschmack vielleicht sogar die beste, wenn auch nicht die billigste Wahl ist Bienenwachs. Da es ein reines Naturprodukt ist und nicht in unendlicher Menge zur Verfügung steht, hat es einen höheren Preis. Von großem Vorteil ist der von allen Wachsen höchste Schmelzpunkt von ca. 65 °C. Bienenwachskerzen verbreiten einen herrlichen Duft nach Honig und Natur.

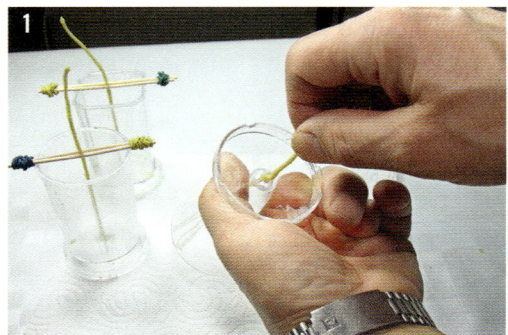

Zuerst wird der Docht durch die Bohrung an der Unterseite, der späteren Kerzenspitze, gezogen und von außen verknotet.

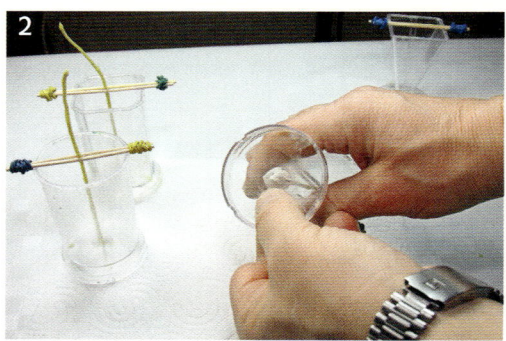

Um das eventuelle Auslaufen flüssigen Wachses zu verhindern, ist es ratsam, etwas Klebewachs oder Knetmasse zur Abdichtung an der Dochtöffnung anzubringen.

Sie duften auch, ohne dass man sie anzündet, und sind häufig ein sehr beliebtes Detail der Dekoration im Wohnumfeld.

Bienenwachs kann man beim Imker im Stück oder im Imker- bzw. Bastelfachhandel in Pastillenform käuflich erwerben.

Die brennenden ausgeformten Bienenwachskerzen

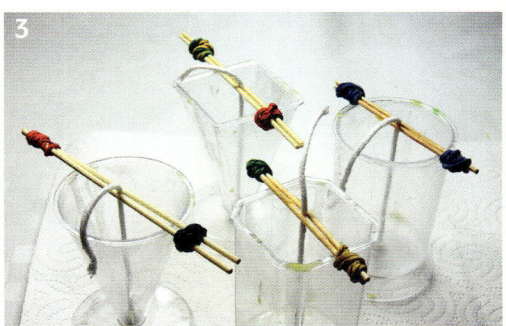

Zum Befüllen mit Wachs vorbereitete Kunststoffformen. Das Einklemmen des Dochtes in den Dochthalter ist alternativlos die beste Methode.

Meist lässt sich eine kleine Schrumpfung des Bienenwachses während der Abkühlung nicht ganz vermeiden.

Befüllen der Kunststoffformen mit flüssigem Bienenwachs

Sind die Kerzen abgekühlt und aus der Form genommen, werden die Dochte eingekürzt.

Kerzen aus Kompositionswachs

Das Gießen von Kerzen mit synthetischen Wachsen ist wegen der relativ geringen Materialkosten sehr beliebt. Dieses Gießwachs beinhaltet als Grundwachs das leicht transparente Paraffin, das wie schon mehrfach im Buch erwähnt, einen Schmelzpunkt von ca. 55 °C besitzt. Zur Verbesserung der Brenneigenschaften und der Ausformung mischt man dem Paraffin 10 bis 20 % des natürlichen Wachses Stearin bei. Weil Stearin einen höheren Schmelzpunkt besitzt, erhöht er sich auch bei der Mischung. Insbe-

Ausgeformte und brennende Kerzen aus Kompositionswachs

sondere das größere Schrumpfvermögen der Mischung, bewirkt durch das Stearin, gestattet ein problemloses Ausformen beim Gießen.

Man kann diese Mischungen auch selbst herstellen, aber es ist einfacher, die fertigen Mischungen im Handel zu erwerben. Dort sind sie als Kompositionswachs mit einem Verhältnis von 80 % Paraffin und 20 % Stearin zu bekommen. Durch den Stearinanteil ist auch das Färben der Kerzen erleichtert.

Kompositionswachs (80 % Paraffin und 20 % Stearin) ist sehr beliebt beim Kerzenziehen und ist im Fachhandel günstig erhältlich.

Kerzengießen in Silikonkautschukformen

Silikonkautschuk ist das ideale Material für die eigene Herstellung von Kerzenformen. Darüber hinaus gibt es heute eine unüberschaubare Vielzahl von fertigen Motivformen, die beinahe keinen Wunsch mehr offen lassen. Auch wenn sie im Fachhandel käuflich zu erwerben sind, besitzen sie je nach Motiv und Größe auch einen stolzen Preis. Kreative Imker und auch professionell produzierende Kerzenmacher stellen ihre Gießformen deshalb meist selbst her. Der benötigte Silikonkautschuk ist im Fachhandel zu erschwinglichen Preisen erhältlich und man kann mit einer Packung meist mehrere Formen herstellen.

Kompositionswachs im Schmelztopf

Die Kerzenformen sind nach einem überwiegend einheitlichen Prinzip gefertigt, bei dem das Motiv als Negativ-Abdruck das Innere der Form bildet. Dabei steht das Motiv auf dem Kopf, da das Wachs von oben, also vom späteren Fuß der Kerze her, eingefüllt wird.

Gießen von Kerzen in unterschiedlicher Form aus dem Paraffin-Stearin-Gemisch

Innen besitzt jede Form einen Schnitt, der von oben bis nach unten zur Mitte der Form führt. Es ist von großem Vorteil, wenn der Boden und auch die Wandung der Form dick ausgeführt sind. Das trägt zu mehr Formsicherheit der Kerzen beim Gießen bei und man hat nach dem Ausformen und Wegschneiden des Knotens im Docht einen noch ausreichend langen Docht an der Spitze. Zum Gießen selbst werden die beiden Teile zusammengefügt und mit starken Gummiringen oder Klammern zusammengehalten.

Gegossene Kerzen in allen Größen und gewickelte in allen Dicken auf einem Adventsmarkt

Was benötigt man zum Gießen von Kerzen?

- Messer, Schere
- Unterlage
- Folie für die Unterlage
- zwei kleine, schmale Leisten, auf denen die Form platziert wird
- Knetmasse zur Abdichtung der Öffnung am Dochtausgang
- flüssiges Wachs in einem Topf im Kochstar oder in einem Milchtopf
    - Die Temperatur sollte hier um die 72 bis max. 75 °C betragen und darf 80 °C auf keinen Fall überschreiten.
- Silikonkautschukform
- Schöpfkelle oder Topf mit Ausgießer
- breite Gummiringe zum Zusammenhalten der Form
- passenden Docht
- halbierte Schaschlikstäbchen aus Holz oder Ähnliches als Dochthalter
- kleine Gummiringe zum Zusammenhalten der Dochthalter

Am besten arbeitet es sich auf einer großen Arbeitsplatte oder einem Tisch, auf dem alles in greifbarer Nähe liegt und steht, einschließlich des Behälters mit dem Wachs.

Zuerst wird die Form vorbereitet, indem der Docht in richtiger Dicke und mit der Öffnung des „V" nach unten in den Schlitz bis zur Mitte der Form gerückt wird.

Zuvor wurde am Dochtende ein Knoten angebracht. Nun werden in etwa gleichem Abstand die breiten Gummiringe um die Kerzenform gelegt. Dabei muss darauf geachtet werden, dass die Schnittstellen sauber zueinanderstehen, weil sie sonst auch innen nicht bündig sind und die Kerze später einen Absatz hat, was unschön wirkt.

Damit die Kerze trotz des Knotens gerade steht, wird die Form auf die beiden Leisten gestellt. In der Mitte bleibt dann ausreichend Platz für den Dochtknoten. Ich bevorzuge zusätzlich die Abdichtung rund um den Docht mit Knetmasse, was nicht sehr aufwändig ist und jedes Auslaufen verhindert.

Das am späteren Kerzenfuß herausragende Dochtende wird in den Dochthalter geklemmt und so gezogen, dass der Docht in der Form straff sitzt. Außerdem ist es nicht verkehrt, wenn man seitlich unter die Dochthalter jeweils ein dünnes Stäbchen legt, damit die Kerze bis zum Rand gefüllt werden kann.

Sonst bleiben die Gummiringe des Dochthalters im Wachs kleben.

Vor dem Einfüllen des Wachses empfiehlt sich eine Temperaturmessung.
Das Schmelzgut sollte nämlich nicht kühler als 72 und nicht wärmer als 75 °C sein.

Bild oben: Zwei brennende Bienenwachskerzen
Bild rechts: Kleine Wachskerze mit Struktur

Ist es kühler, so kann es passieren, dass es, insbesondere bei filigranen Formen, nicht in alle Details fließt, was sehr ärgerlich ist. Ist das Wachs hingegen zu warm, dann schrumpft es und hinterlässt Absenkungen am Fuß.

Bei der Ausformung sollte insbesondere der Neuling Geduld haben. Die Kerze muss erst ausreichend auskühlen, bevor die Gummiringe von der Form entfernt werden können. Danach klappt man beide Formhälften am Schlitz vorsichtig auseinander und entnimmt die fertige Kerze. Der Docht an der Kerzenspitze wird auf 1 oder 1,5 cm Länge eingekürzt. Das ist meist nur dann erforderlich, wenn der Boden der Form dick genug war. Der Docht am Kerzenfuß wird bündig zum Boden abgeschnitten.

Zum Abschluss wird der Docht in flüssiges Wachs getaucht. Er lässt sich dadurch später besser anzünden.

Eine für den Kerzenguss vorbereitete Form

Flüssiges Wachs kann man auch mit einem Topf in die Silikonkautschukform füllen. Dabei bleibt es aber nicht aus, dass auch etwas flüssiges Wachs danebengeht.

Beim Kochstar lässt sich die Temperatur leicht regeln und ein Wachseimer ins Wasserbad stellen. Ein ideales Gerät in der Imkerei.

Nach dem Abkühlen des Wachses wird der Dochthalter entfernt.

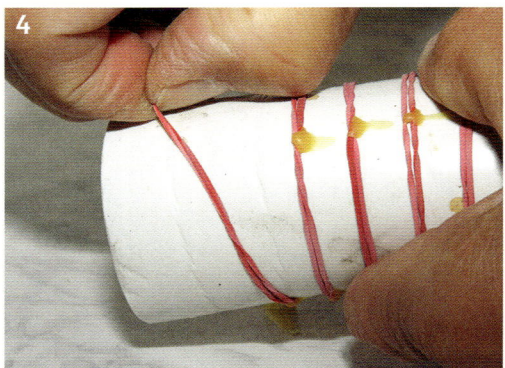

Jetzt können auch die Gummiringe von der Form abgenommen werden.

Der Docht wird zuerst mit einer Schere gekürzt und anschließend entweder in flüssiges Wachs getaucht oder es wird Wachs auf den Docht geträufelt.

Durch Aufklappen der Form kann die Kerze entnommen werden.

Das Ergebnis ist eine hübsche Motivkerze, die mit ihrem Licht und ihrem Duft viel Freude bereiten wird.

Herstellung von Kerzenformen[6]

Wer selbst Kerzenformen herstellen will, nutzt dazu überwiegend Silikonkautschuk. Das hat den Vorteil, dass auch filigranste Details des abgeformten Motivs vom Formmaterial übernommen und an die später entstehende Kerze weitergegeben werden. Nach dem Abkühlen des Wachses kann die Kerze oder das Relief aufgrund des flexiblen Materials der Form leicht entnommen werden. Vorzugsweise werden Silikonmaterialien

in zwei Komponenten verwendet, dem Silikonkautschuk und dem dazu gehörigen Härter. Der Markt bietet verschiedene Qualitäten an und man sollte nicht unbedingt die preiswertesten Materialien, sondern diejenigen kaufen, bei denen die entstandene Form auch lange hält. Es empfiehlt sich auf jeden Fall, gleich mehrere Formen herzustellen, damit das verwendete Material, das es in verschiedenen Packungsgrößen gibt, aufgebraucht wird.

[6] Dr. Andreas Kott, kerzenidee.de

Um eine Form herzustellen, benötigt man zum Beispiel:

- ein geeignetes und auch abformbares Motiv als Urform
- eine ausreichende Menge an Silikonkautschuk und dem zugehörigen Härter
- Pflanzenöl (Raps- oder Olivenöl) als Trennmittel
- einen Hand- oder Motormixer, wie sie auch im Haushalt Verwendung finden, bzw. einen Schneebesen
- einen Löffel
- Klebeband
- Knetmasse
- eine Waage, die mindestens in Gramm wiegt.
- einen dünnen Draht oder Nagel oder eine dicke Nadel (Ø 1 mm, 2–3 cm lang)
- Bohrmaschine
- Gefäß zum Anrühren der Gießmasse
- Klebstoff oder Heißklebepistole
- Gefäß, in dem die Form aushärten kann
- sehr scharfes Messer

Motivwahl

Grundsätzlich lässt sich jeder Gegenstand als Motiv abformen. Das Model muss sauber und unbeschadet sein, weil sich sonst alles in der Form und schließlich auf dem fertigen Produkt wiederfindet. Gelegentlich kommt es bei bestimmten Materialien zum Anhaften am Silikon. Man ist deshalb auf der sicheren Seite, wenn man das Modell vorher dünn mit einem guten Pflanzenöl benetzt. Durch dieses natürliche Trennmittel wird ein Anhaften oder Kleben weitgehend oder gänzlich vermieden.

Vorbereitungen

Zuerst bedarf es einiger grundsätzlicher und sehr wichtiger Vorbereitungen. Die Arbeitsplatte oder der Tisch sowie der Fußboden im Arbeitsbereich sollten mit Papier oder Folie abgedeckt sein, um Silikon- und später Wachsflecken zu vermeiden. Das abzuformende Motiv wird nun in das Gießgefäß gestellt. Der Abstand zwischen Motiv und Gefäßwand sollte mindestens 10 mm betragen, kann jedoch auch 15, 20 oder 30 mm betra-

gen. Allerdings benötigt man dann auch mehr Gießmasse. Oben wird der Nagel oder Draht zentral auf dem Motiv befestigt. Er sorgt dafür, dass in der Form später ein Loch ist, durch das der Docht gezogen werden kann. Ist das Model aus Holz, wird der Nagel in eine kleine Bohrung des Models gesteckt. Ansonsten wird der Nagel oder Draht einfach mit einem Klebepunkt aus der Heißklebepistole angeklebt.

> Das Motiv muss möglichst flächig auf dem Boden des Gießgefäßes aufliegen, damit später keine Gießmasse dort hineinlaufen kann.

Das Model klebt man dazu am Boden an, so wird zusätzlich verhindert, dass es sich beim Gießen nach oben bewegt.

Eine alternative und, wie ich meine, bessere Lösung zur Herstellung einer Gießform beschreibt Armin Spürgin[7]. Er verwendet eine Sperrholzplatte oder ein gerades Brett, in des-

[7] Spürgin, Bienenwachs

sen Mitte ein Stift (Nagel oder Schraube) gesteckt wird. Auf der Platte wird eine etwa 15–20 mm dicke Schicht Knetmasse in gleichmäßiger Stärke aufgetragen. Das Modell wird nun mittig auf die Knetmasse gestellt und von unten durch den Nagel oder die Schraube fixiert. Als Formhülle eignet sich sowohl ein Plastikrohr mit entsprechendem Durchmesser oder eine andere vergleichbare Hülle aus Karton oder Plastik. Diese wird nun innen mit einer dünnen Folie ausgekleidet und befestigt. Anschließend setzt man sie auf die Knetmasse auf und drückt sie etwas hinein. Sie sitzt damit dicht und es kann keine

Gießmasse auslaufen. Wenn das künftige Motiv eine Kerze ist, muss oben in der Mitte des Modells ein Nagel oder Stift angebracht werden, der in der späteren Form das Loch für den Docht hinterlässt. Die auf diese Weise vorbereitete Gießform kann nun mit dem Silikonkautschuk gefüllt und nach ca. 1 ½ Tagen ausgeformt werden.

Da Silikonkautschuk relativ teuer ist, sollte man vor dem Gießen wissen, wie viel man davon benötigt. Um das herauszufinden, wird die Form probeweise mit Wasser gefüllt, wobei das Wasser noch ca. 15 mm höher stehen sollte als das Motiv. Das eingefüllte Wasser gießt man anschließend in einen Messzylinder mit Milliliter-Einteilung. Die Menge in ml wird schließlich mit 1,15 multipliziert, wodurch man die benötigte Silikonkautschukmenge in Gramm erfährt. Diese Methode funktioniert zwar auch nicht zu 100 %, aber man hat dadurch eine wirtschaftlich vernünftige Basis.

> Sehr wichtig ist, dass der eigentliche Guss erst dann geschehen kann, wenn Gefäß und Modell wieder absolut trocken sind.

Beim Mischen der Gießmasse kommt es darauf an, das Mischungsverhältnis von 1 : 10 exakt einzuhalten. Die zuvor errechnete Gesamtmenge an Silikonkautschuk wird durch 11 dividiert, wodurch man die Menge des benötigten Härters erhält. Diese Menge des Härters muss nun von der Gesamtmenge der Gießmasse subtrahiert werden.

Am einfachsten verfährt man nun, wenn das Gefäß zum Anrühren der Gießmasse auf die Waage gestellt wird. Entweder schreibt man sich das angezeigte Gewicht des Gefäßes auf und addiert es mit der benötigten Gesamtmenge der Gießmasse oder man stellt mit der Tara-Taste die Waage auf Null. Das ist die einfachste und

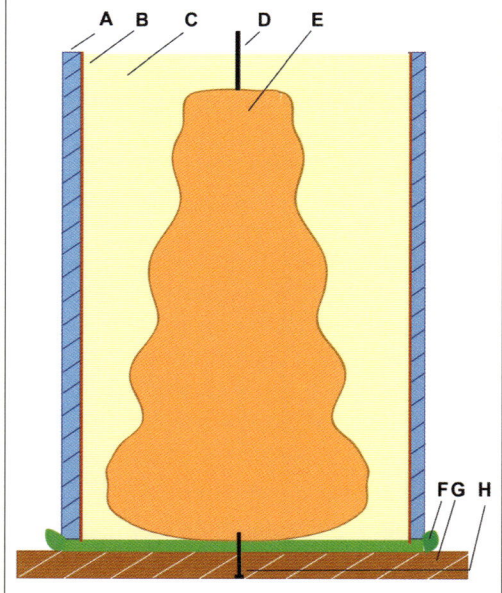

Schematische Darstellung einer Form zur Herstellung von Gießformen:
A = Formhülle
B = Folie
C = Gießmasse
D = Nagel für Dochtloch
E = Abformmodell
F = Knetmasse
G = Sperrholzplatte
H = Nagel oder Schraube für Modellfixierung

sicherste Lösung. Jetzt wird die berechnete Menge Härter in das Gefäß gefüllt und anschließend die Silikonkomponente, bis das eingangs errechnete Gewicht erreicht ist. Beide Komponenten werden nun für drei bis fünf Minuten mit einem Mixer vermischt und anschließend in das vorbereitete Gefäß mit dem Model gefüllt.

Nach 24 oder besser noch 36 Stunden ist die Aushärtung der Masse abgeschlossen und die Ausformung kann erfolgen. Dabei können Probleme mit dem Ausformungsgefäß auftreten, welches dabei nicht selten Schaden nimmt. Deshalb verwenden viele Kerzenhersteller keine Töpfe oder Ähnliches, sondern Eigenkonstruktionen aus Holz, die mit Folien etc. überzogen wurden. Zuletzt wird das Model aus der Silikonform herausgenommen. Dazu trennt man die Kautschukform einseitig mit einem sehr scharfen Messer bis zum Nagel für das Dochtloch auf.

Peitschenkerzen gießen

Kerzen dieser Art werden industriell durch Ziehen und bei der Kleinfertigung teils durch Tauchen oder durch Gießen in Metall- und Kunststoffformen hergestellt. Metallformen besitzen zwar eine höhere Haltbarkeit, sind aber auch teurer. Die Gießtechnik ähnelt derjenigen, wie sie bei Kunststoffformen zur Anwendung kommt. Daneben gibt es sehr brauchbare Gießformen aus Metall, in denen mit einem einzigen Guss sechs bis acht wunderschöne Peitschenkerzen entstehen. Der Nachteil liegt lediglich in der etwas schwierigen Entnahme aus der Form. Man kann sich helfen, indem die Form unter fließendes, heißes Wasser gehalten wird oder nach dem Abkühlen noch einmal kurz in die Tiefkühltruhe kommt. Am Anfang wird der Docht bei diesen Gießformen an der einen Kerzenspitze eingefädelt und in Richtung Kerzenfuß durchgezogen, An der Kerzenspitze wird er dann von außen verknotet, damit er nicht durch die Bohrung rutscht. Im Bereich der Kerzenfüße, von wo auch das

Die schlanken Peitschenkerzen aus Bienenwachs in einem attraktiven Kerzenständer sind eine nicht zu übersehende Ergänzung im Wohnbereich.

Wachs eingefüllt wird, werden zwei dazugehörige Metallstäbe durch seitliche Bohrungen gesteckt. Sie überbrücken mittig die Eingussöffnungen der Form. Über diese Metallstäbe wird dann wechselseitig der Docht durch die Formen in Richtung Kerzenspitze und von der nöchsten Kerzenspitze erneut zum Fuß geführt, bis alle Formen mit Docht bespannt sind. Am Ende wird der Docht erneut verknotet und die Metallstäbe auf der Eingießseite so justiert, dass der Docht bei jeder Form im Zentrum sitzt. Nach dem Befüllen mit flüssigem Wachs und dessen Erkalten schneidet man einfach den Docht entzwei und entfernt die Kerzen.

Diese Form der Dochteinlage hat allerdings den Nachteil, dass nicht bei jeder Kerze die Richtung des Dochtes stimmt, indem die Spitze des V im Dochtgeflecht immer in Richtung Kerzenfuß zeigt.

Ich habe allerdings noch keine Probleme beim Abbrennen der Kerzen feststellen können, was wahrscheinlich mit dem relativ geringen Durchmesser der Kerzen zu tun haben kann.

Möchte man aber bei jeder Kerze den Docht in der richtigen Richtung liegen haben, dann muss jedes Dochtstück einzeln angebracht und eingespannt werden, was etwas mehr Zeit in Anspruch nimmt.

Die nachfolgend genannte Firma stellt solche Formen her, die auch im Web-Shop bestellt werden können: Mann Lake Ltd., 501 S. 1st St., Hackensack, Minnesota 56452, USA, Tel.: 001 218-675-6688, Fax: 001 218-675-6156, Internet: www.mannlakeltd.com, E-Mail: Beekeeper@mannlakeltd.com.

Noch bevor die Form mit Docht ausgestattet wird, muss sie mit einem Trennmittel eingestrichen werden, damit sich die Kerzen später besser herausnehmen lassen.

Jedes Geschirrspülmittel und im Fachhandel angebotene Trennmittel eignen sich dafür.

Ich selbst verwende für die Metallformen ein Salatöl.

Da es ein wenig schwierig ist, die engen Gießformen mit Öl zu behandeln, verwende ich dazu lange Wattetupfer, die mit Öl getränkt werden.

Eine noch einfachere und sichere Lösung, die Kerzen aus diesen Formen zu bekommen, ist, wie oben schon bemerkt, die kurzzeitige Lagerung in der Gefriertruhe. Das darf aber erst dann erfolgen, wenn die Kerzen bereits auf natürliche Weise abgekühlt sind, weil sonst Risse entstehen würden.

Das warme Licht der Peitschenkerzen lässt eine festliche Stimmung im Raum aufkommen.

Metallgießform für Peitschenkerzen

Der Docht wird unten von außen verknotet und mit Knetmasse oder Klebewachs abgedichtet. Oben werden die Dochtenden an den Metallstäben straff gezogen und befestigt.

Hier ist eine andere Dochtführung zu sehen. Dabei wird der Docht ohne Unterbrechung von einer Kerzenform zur nächsten geführt. Man beginnt an der ersten Form unten mit einem Knoten und hört an der letzten Form unten wieder auf. Oben wird der Docht lediglich mittig über die Metallstäbe geführt.

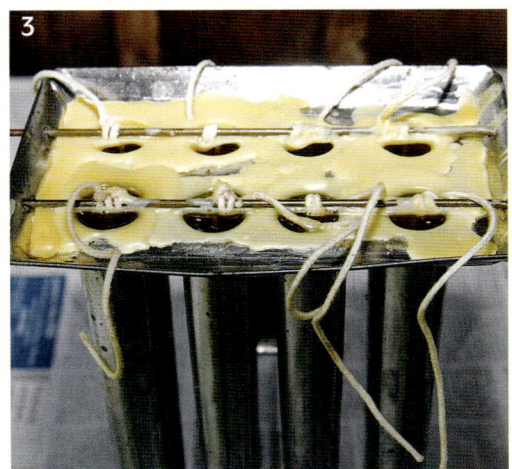

Das Wachs wird mittels Trichter in die Öffnungen der Metallform gefüllt. Dabei kann man ruhig großzügig füllen, da die Fußenden nach dem Erkalten ohnehin mit dem Messer korrigiert werden müssen.

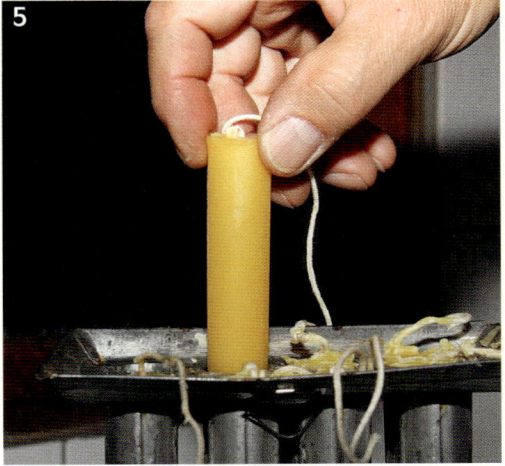

An den herausschauenden Dochtenden können die Peitschenkerzen nun bequem aus den Formen gezogen werden.

Ausgeformte Peitschenkerzen

An der Spitze wird der Docht bis auf 1 bis 1,5 cm Länge gekürzt und am Fuß bündig abgeschnitten.

Entfernen der vom Gießen überstehenden Wachsreste am Fuß der Kerze. Um einen absolut ebenen und geraden Kerzenfuß zu erhalten, setzt man ihn ganz kurz auf eine nicht zu heiße Oberfläche. Das kann z. B. der Boden eines Wachstopfes sein, der auf einer Wärmequelle steht.

Teelichter gießen

Wer mag sie nicht, die kleinen Lichtspender, die man überall platzieren kann, sei es im Wohnbereich, Bad oder Korridor. Sie spenden über Stunden Licht und verbreiten eine stilvolle Atmosphäre. Teelichter sind sehr beliebt und man stellt sie in Gläser mit unterschiedlichem Design und für alle möglichen Anlässe. So gibt es Gläser mit Weihnachts- und Wintermotiven, mit Osterdekoration oder anderem Schmuck. Auf Gartenpartys verwendet man sie als Windlichter und der Handel bietet sie zu unterschiedlichen Preisen und damit auch unterschiedlichen Qualitäten an. Um jeden Missgriff zu vermeiden, kann man sie auch selbst herstellen, was zudem überaus einfach ist. Im Bastel- und Imkereibedarf sind Aluhüllen und Teelichtgläser sowie die dazugehörenden Dochte preiswert zu bekommen.

Für die Herstellung qualitativ hochwertiger Teelichter eignen sich besonders Bienenwachs und Stearin. Beide Wachse sind zwar etwas teurer, aber dafür hat man große Freude am Brennverhalten und am Duft, den insbesondere die Bienenwachsteelichter verbreiten.

Beide Wachse sind im Fachhandel in Pastillenform erhältlich. Bienenwachs kann man aber auch beim Imker erwerben. Dabei sollte man darauf achten, dass das Wachs absolut frei von Verschmutzungen ist und seine typisch gelbe Farbe aufweist.

Teelichtdochte selbst anzufertigen, ist zu aufwändig und auch bei der Verarbeitung problematisch. Sie müssen ja senkrecht in der Hülle stehen und am Boden findet sich keine Möglichkeit, den Docht zu fixieren. Die handelsüblichen Dochte sind mit einem kleinen Metallfuß ausgestattet und zur Versteifung vorgewachst. Bei der Verarbeitung gibt es zwei Varianten. Das Verfahren, sie vor der Wachsbefüllung in die Hülle bzw. das Glas zu stellen, ist weniger empfehlenswert, weil sich beim Eingießen des Wachses der Docht verschieben kann. Seine Position muss dann nachträglich, solange das Wachs noch flüssig ist, korrigiert werden, indem er wieder in die Mitte gerückt wird. Besser ist es, sechs bis acht Teelichthüllen oder -gläser mit Wachs zu füllen und den Docht anschließend hineinzustellen. Wenn die Umgebungstemperatur niedriger ist und das Wachs schneller erstarrt, füllt man eben jeweils nur vier Teelichthüllen mit Wachs. Nach der Befüllung lässt man die Teelichter abkühlen und verpackt sie dann für den späteren Gebrauch.

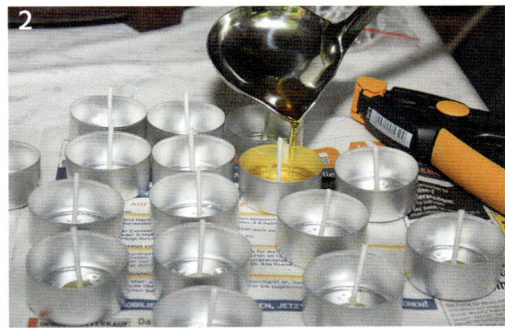

Befüllen der Teelichthüllen mit flüssigem Wachs. Hier mit zuvor eingestellten Dochten, die nachträglich häufig einer Korrektur der Position bedürfen.

Die Teelichter nach der Abkühlung. Sie können nun verwendet werden.

Werden zuerst die Teelichthüllen mit Wachs gefüllt, können die Dochte anschließend eingestellt und gleich in die korrekte Position gerückt werden.

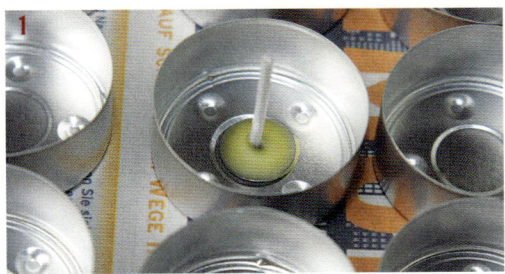

Hier mit einem von mir eingesetztem Docht, wie er im Handel erhältlich ist.

Einsetzen der Dochte in die mit Bienenwachs gefüllten Teelichthüllen

Gießformen aus Silikonkautschuk

Außerdem kann man Teelichter natürlich auch in Silikonkautschukformen gießen. Aus meiner Sicht ist das weniger effektiv, denn das gegos- sene Teelicht muss anschließend ohnehin in eine Alu- oder Glashülle gestellt werden. Das kann, wie oben beschrieben, in einem Schritt gesche- hen.

Damit sich die spätere Kerze besser aus der Kautschukform nehmen lässt und nicht anhaftet, verwendet man ein Gefäß mit Was- ser, dem man ein Spülmittel beigibt.

Die Teelichtform wird in das Wasser mit dem Spülmittel getaucht und anschließend lässt man sie abtropfen.

Mit einem Trichter wird das flüssige Wachs in die Form gefüllt.

Das Wachs ist in der Form erstarrt.

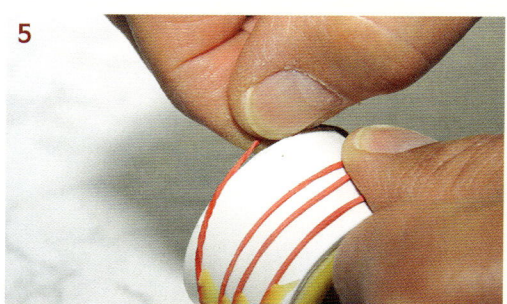

Nach Öffnen der Form kann die fertige Kerze entnommen werden.

Das Teelicht kann jetzt in einem Windlicht oder jedem anderen Glas platziert und ange- zündet werden. In der Regel stellt man es aber zuvor in eine Teelichthülle, damit das verwendete Glas sauber bleibt.

Gießformen aus Plastik

Der Handel bietet sehr preiswerte Plastikgieß-
formen für Teelichter an, die zwar eine recht
kurze Lebensdauer haben, mit denen man aber
eine ganze Reihe sehr schöner Teelichter gießen
kann. Auch hier, wie schon bei den Teelichthüllen aus Metall, ist es sinnvoll, die Dochte erst
nach dem Befüllen der Formen mit Wachs einzustellen. Am besten geht das, wenn das Wachs
am Boden der Form trüb zu werden beginnt, was
ein Zeichen dafür ist, dass es sich schon etwas
abgekühlt hat. Stellt man dann die Dochte ein,
brauchen sie kaum noch eine weitere Positions-
korrektur.

*Wenn das Wachs nicht zu warm ist, kann
man die Dochte auch vorher in die Plastikform stellen. Allerdings geht es dann nicht
ohne nachträgliche Korrektur der Position.*

Einfüllen des Wachses in die Teelichtformen

*Empfehlenswerter ist es, wie schon oben
erwähnt, zuerst das Wachs einzufüllen und
nachträglich die Dochte einzustellen.*

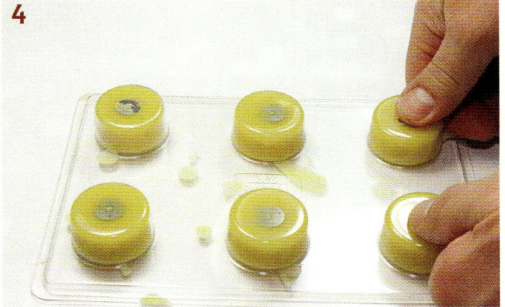

*Wenn das Wachs gänzlich ausgekühlt ist,
dreht man die Form um und drückt jeweils
mit dem Daumen auf den Boden. In der
Regel fallen dann die neu entstandenen Kerzen aus der Form. Sollte es dabei Schwierig-
keiten geben, dann die Kerze einfach kurz in
den Kühl- oder Gefrierschrank stellen.*

In Teelichtgläser gießen

Wie die Teelichthüllen, so bekommt man auch die Teelichtgläser im Fachhandel zu kaufen. Sie sind preiswert und mehrfach verwendbar. Teelichtgläser sind solider als Metallhüllen und haben außerdem den Vorteil, dass man das Licht bis zum endgültigen Ende der Kerze durch das Glas sehen kann. Solche Teelichter eignen sich daher vorzüglich zum Einstellen in spezielle Motiv-Kerzengläser, die für diesen Zweck geschaffen wurden.

Auch hier gilt, dass man die Gläser sinnvollerweise zuerst mit Wachs füllt und anschließend die Dochte platziert.

Da das Glas kühler ist als die Plastikform, erstarrt das Wachs auch rascher in den Teelichtgläsern. Das bedeutet, dass man die Dochte auch zügiger einstellen kann.

Einfüllen des flüssigen Bienenwachses in die Teelichtgläser

Es dauert nicht lange und das Wachs in den Teelichtgläsern beginnt zu erstarren.

Nachdem das Wachs in die Teelichtgläser gefüllt wurde, können nun auch die Dochte mittig im Glas angebracht werden.

Verwendung von Teelichtern

Teelichter werden in der Regel in spezielle und häufig anlassbezogene Motivgläser gestellt und dort angezündet. Der eigenen Kreativität sind dabei keine Grenzen gesetzt. So können die Gläser mit Materialien aus der Natur, wie Holzstücken, Tannenzapfen oder Steinen, geschmückt sein. Wer es moderner mag, der greift zu anderen Materialien. Hier entscheidet der eigene Geschmack darüber, ob das Endprodukt rustikalnatürlich oder nüchtern-modern wirken soll. Auf jeden Fall ist jedes Einzelstück ein Unikat.

Im Herbst eignen sich Teelichter ganz hervorragend zum Basteln. Mit Heißkleber klebt man bspw. ein paar Tannenzapfen zusammen und platziert in der Mitte das Glas, in dem später das Teelicht Platz finden soll. Manchmal findet man auch größere Steine, die sogar meh-

Teelichter in Gläsern besitzen den großen Vorteil, dass sie bis zum Ende das volle Licht liefern können. Hier ist ein Glas im Afrikalook mit Elefanten abgebildet, die sich wegen der Flammenbewegung fortzubewegen scheinen.

Ein Teelicht in einem auf den Winter bezogenen Glas. Das Licht der Kerze scheint durch das blaue Glas und beleuchtet die ebenfalls winterliche Dekoration.

rere Stufen oder zumindest Absätze besitzen. Sie eignen sich sehr gut dazu, um auf diesen Stufen Teelichtgläser anzukleben und dort die Teelichter einzubringen. Rund um den Stein kann man dann wiederum, abhängig von der Jahreszeit, zusätzliche Dekoration anbringen.

Auch größere Gläser eignen sich zur Herstellung von Teelichtern. Sie haben eine deutlich längere Brenndauer und sind für sehr viele Anlässe besser geeignet.

Zu beachten ist dabei, dass wegen des größeren Gefäßdurchmessers ein dickerer Docht notwendig ist und dass man das Glas auf einen Untersetzer stellt, weil es sich ziemlich erhitzen und Schäden an der Stellfläche verursachen kann.

Teelichter in Glasschalen sind einfach himmlisch. Stellt man mehrere zusammen an einen Platz, geben sie viel Licht ab.

1

Füllen eines großen Teelichtglases mit Bienenwachs

2

Eingesetzter Docht in dem großen Teelichtglas

Votivkerzen gießen

Die Bezeichnung „Votivkerze" leitet sich von „Gabe" ab. Diese Kerzen sind im christlichen Glauben verwurzelt und werden in Kirchen und zu kirchlichen Festen angezündet. Den Spender einer solchen Kerze nennt man Votant, der an heiliger Stätte seine Votivkerze als Zeichen des Dankes darbietet. Den gläubigen Christen begleiten Kerzen durch sein ganzes Leben; beginnend mit der Taufe über Kommunion oder Konfirmation, Firmung, Trauung bis hin zum Tod spielen Kerzen eine wichtige Rolle. Immer bezeugt die Kerze die Anwesenheit Christi.

Im Rahmen dieser Symbolik nimmt die Votivkerze eine besondere Stellung ein. Sie hat eine ganz enge Beziehung zu einzelnen Menschen oder Gruppen. Sie ist eine Opfergabe, oft verbunden mit Wünschen oder Hoffnungen. Der Glaube und die Zuversicht werden dabei spürbar. Oft nehmen Menschen weite und mühsame Wege auf sich, um mit ihrer Kerze in einer Wallfahrtskirche dabei zu sein. Heutzutage spielt der

Viele Stunden vermag dieses große Teelicht Licht zu spenden. Doch nicht allein das Licht, sondern auch der Duft des Bienenwachses schwebt für Stunden im Raum.

Votivkerzen im Dom zu Trier

ursprüngliche Grund kaum mehr eine Rolle. Er sollte nur der Vollständigkeit halber benannt sein.

Votivkerzen haben wegen ihrer Größe und der Menge an Wachs eine lange Brenndauer.

> Man stellt sie gerne in Gläser mit oder ohne Verzierungen. Man gießt sie aus Bienenwachs, Stearin oder Paraffin. Vielfach werden sie mit Duftstoffen versehen, die je nach Jahreszeit und festlichem Anlass variieren.

Votivkerzen aus Bienenwachs sind etwas ganz Besonderes, weil sowohl das Wachs selbst als auch der Duft rein natürlich und ohne Zusätze sind. Bei der Herstellung von Votivkerzen wird mit unterschiedlichen Formen gearbeitet, wobei sich Plastik- oder Metallformen am besten eignen.

Wie bei anderen Kerzen benötigt man auch hier einige grundsätzliche Hilfsmittel. Dazu

Gespendete handverzierte Kerzen von Konfirmanden in einer protestantischen Kirche nahe Büsum in Schleswig-Holstein

gehört ein doppelwandiger Milchtopf, der einen Schmelz- und einen Wasserbereich besitzt. Wenn man die Fertigung größerer Mengen an Kerzen beabsichtigt, ist wiederum der Kochstar mit Wachstopf im Wasserbad das geeignetere Werkzeug.

Hinzu kommen das Dochtmaterial, Kerzenformen, ein Thermometer und weitere spezielle Materialien und Hilfsmittel, die abhängig von der verwendeten Gießform erforderlich sind.

Votiv-Plastikgießform 1
Bei dieser Gießform wird der Docht durchgängig im Wechsel durch die einzelnen Kerzenformen gespannt. Das hat den Nachteil, dass sich dadurch auch die Dochtrichtung wechselseitig verändert, einmal zeigt das geöffnete „V" richtigerweise nach oben und das andere Mal nach unten. Um das zu vermeiden und um den Docht immer korrekt einzulegen, muss man ihn für jede Einzelform auch einzeln platzieren. Unten wird ein Knoten angebracht und oben wird er an der Metallstange angebunden.

> Der Zeitaufwand für jeweils sechs gegossene Kerzen ist mit der ersten Variante der Dochteinlage gering, erhöht sich aber, wenn der Docht einzeln gespannt wird.

Auch hier befindet sich die Spitze der Kerzen am Fuß der Gießform. Zum Abdichten der Dochtdurchgänge verwendet man Klebewachs oder die spezielle Knetmasse. Vor dem Einspannen des Dochtes ist es ratsam, die einzelnen Formen leicht mit Salatöl zu benetzen oder auszustreichen. Danach werden die Einzelformen mit flüssigem Wachs gefüllt und zum Abkühlen abgestellt. Anschließend durchtrennt man den Docht an Fuß und Kopf der noch in der Form steckenden Kerzen, die man dann herausziehen kann.

Zum Schluss wird der Docht an der Kerzenspitze auf die Länge von etwa 1 cm zugeschnitten und am Fuß bündig zum Kerzenkörper entfernt. Etwaige Überstände am Fuß oder Gratbildungen entfernt man mit einem Messer.

Zwei Votivkerzen verbreiten in einem hübschen Kerzenhalter ein angenehm warmes Licht.

3

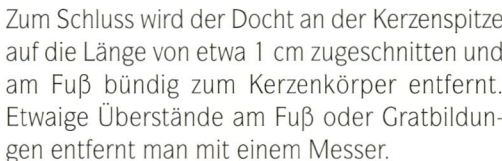

Durchtrennen der Dochte an der Unterseite der Form

1

Mittels Trichter wird das Bienenwachs in die Kerzenform gefüllt. Man sollte mehrere Trichter zur Verfügung haben, weil der Trichter nach einiger Zeit durch das Wachs verschlossen ist und erst wieder durch Tauchen in heißes Wachs frei wird.

4

Die Entnahme der Kerzen aus der Form geht problemlos.

2

Nach dem Erkalten wird der gespannte Docht oben durchtrennt.

5

Am Kerzenfuß wird der Docht bündig abgeschnitten.

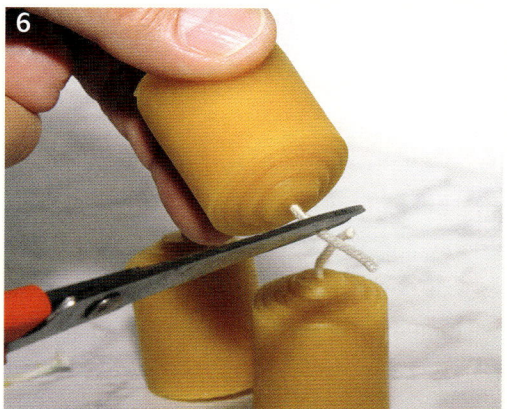

Zurechtschneiden des Dochtes am Kopf der Kerze

Kleine Wachsüberstände am Fuß entfernt man leicht mit einem Messer.

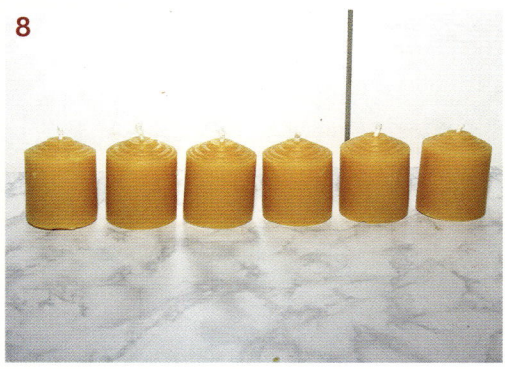

Das Ergebnis eines Kerzengusses

Votiv-Plastikgießform 2 (Abb. siehe S. 80)

Eine andere praktikable Möglichkeit zum Gießen von Votivkerzen bietet eine sehr preiswerte und funktionierende Plastikgießform. Die Haltbarkeit dieser Form beschränkt sich zwar nur auf einige Gießdurchgänge, aber für den Eigenbedarf und sogar darüber hinaus kann man ausreichend Kerzen gießen.

> Bei dieser Form wird der Docht nicht eingelegt, sondern nach dem Füllen der Gießformen in das flüssige Wachs gestellt, wie auch bei der Herstellung von Teelichtern verfahren wird.

Der Handel bietet auch hierfür die entsprechenden Dochte an. Leider sind diese nur begrenzt empfehlenswert, weil sie überwiegend als Flachdochte mit zu geringer Stärke angeboten werden. Solche Dochte sind nicht in der Lage, das geschmolzene Wachs während des Abbrennens zur Flamme zu transportieren, wodurch es häufig zum Ertrinken des Dochtes kommt. Es gibt jedoch Alternativen. Der Handel bietet die kleinen Blechfüßchen nämlich auch ohne Docht an. Diese müssen allerdings eine so große Dochtöffnung besitzen, dass man Dochte der Größe 6 oder 8 dort einstecken und mit einer Flachzange festklemmen kann. Immerhin haben die Votivkerzen am Fuß einen Durchmesser von 3,5 cm und an der Spitze messen sie ca. 4 cm.

Vielleicht stellt sich auch der Handel entsprechend um und bietet in absehbarer Zeit Runddochte in dieser Stärke an.

Votiv-Metallgießformen

Für die Anfertigung von Votivkerzen gibt es auch Metallformen, die materialbedingt eine deutlich längere Lebensdauer als die Plastikformen haben. Zu diesen Formen gehört ein Zusatz, der dafür sorgt, dass nach dem Gießen ein Loch in der Kerze

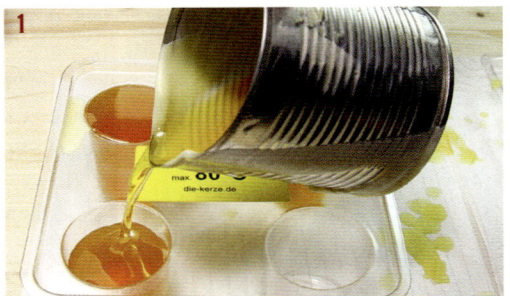

Einfüllen flüssigen Bienenwachses in die
Plastikform für jeweils vier Votivkerzen

Einsetzen der Dochte in das inzwischen nicht
mehr so heiße Wachs. Stellt man die Dochte
gleich ein, dann schmilzt das Wachs, mit dem
die Dochte getränkt sind, und sie knicken ein
und fallen um.

Wenn sich auf dem Wachs eine Haut zu bilden beginnt, müssen die Dochte sitzen, sonst
gibt es keine glatte Oberfläche auf der Kerze.

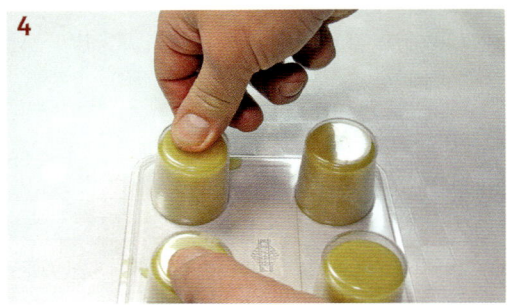

Die gekühlte Form wird nun umgedreht und
durch Druck auf die Böden lösen sich die
Kerzen aus der Form.

Abschließend müssen nur noch die Dochte
gekürzt werden.

verbleibt, durch das man den Docht stecken kann.
Dieser Teil besteht aus einer Metallplatte, die etwa
den Durchmesser des Formbodens hat und in dessen Mitte ein Stahlstift befestigt ist. Zum Gießen
wird das Zusatzteil in die Metallform gestellt.

Beides, die Form mit Wandung und Boden
sowie der Einsatz, muss mit einem Trennmittel – ich nehme Salatöl – dünn eingestrichen werden, damit sich die Kerze später aus der Form und der Stift aus der
Kerze lösen lässt.

Ich habe auch schon von Silikonsprays auf Nano-
basis gehört, die sich hervorragend als Trennmittel eignen sollen, da ich aber selbst keine

Anzünden einer Bienenwachs-Votivkerze in einem Kerzenglas

Anheimelnd und warm ist das Licht der Kerze in der Dunkelheit.

Erfahrungen damit habe, kann ich diese Methode auch nicht bewerten. Damit das Entfernen der Kerzen aus den Formen leichter geht, kann man sie auch in den Gefrierschrank stellen.

Generell sollte man beim Gießen von Kerzen immer auf die Gießtemperatur achten. Die Verwendung eines Thermometers, wie es im Fachhandel erhältlich ist, hilft dabei, die richtige Temperatur zu erreichen.

Nachdem die Formen vorbereitet sind, können sie mit Wachs befüllt werden.

Drei Metallformen für Votivkerzen mit dem Zusatzteil für das Dochtloch

Die Formen werden mittels einer kleinen, dafür präparierten Konservendose mit Bienenwachs gefüllt.

4

Die drei mit Wachs gefüllten Formen haben nun viele Stunden Zeit zum Abkühlen.

7

Der Stift mit Platte wird aus der Kerze entfernt.

5

Nachdem das Wachs vollkommen erstarrt und ausgekühlt ist, kann man die Kerzen einfach aus der Form herausziehen.

8

In das Loch in der Mitte der Kerze wird nun der Docht gesteckt. Hier ist ein zu dünner Docht zu sehen. Das Loch in der Kerze hat aber einen größeren Durchmesser, der die Platzierung eines dickeren, passenderen Dochtes erfordert.

6

Manchmal bereitet der Stift Probleme, weil er zu fest in der Kerze sitzt und nicht einfach herausgezogen werden kann. In diesem Fall setzt man den Stift auf ein Stück Hartholz und drückt die Kerze nach unten. Meist gibt es einen kleinen Ruck, der Stift ist lose und kann herausgezogen werden.

9

Wenn der Docht sitzt, drückt man den Metallteller fest in das Wachs der Kerze.

Drei brennende Kerzen in Keramikbechern, die mit Kompositionswachs gefüllt wurden.

Kerzen in Porzellangefäßen

Sehr attraktiv wirken Kerzen in Gefäßen aus Ter-
racotta, Keramik oder Steingut. Ganz gleich, ob
die Gefäße mit Motiven geschmückt sind oder
aus dem Rohmaterial bestehen, sie haben ihren
besonderen Reiz. Mit Kerzenwachs gefüllt geben
sie stundenlang Licht und schaffen damit eine
ganz besondere Atmosphäre.

Da sie nicht aus transparentem Material
sind, tritt das Licht nur oben nach außen.

Das tut aber ihrer Beliebtheit keinen Abbruch.
Sie sind auf Gartenpartys nicht mehr wegzudenken, weil sie ein diffuses Licht verströmen
und eine eventuelle Mückenplage in Grenzen
gehalten wird. Die Insekten fühlen sich von dem
Licht nämlich angezogen und verenden in der
Hitze der Kerzenflamme.

Die Herstellung einer solchen Kerze ist denkbar einfach.

Das Komplizierteste ist die Befestigung des
Dochtes am Gefäßboden. Es klappt vereinzelt
mit Heißkleber und auch mit Knetmasse. Das
eingegossene Wachs darf aber, wie schon oft
gesagt, nicht zu heiß sein. Wenn die Tiefe des
gewählten Gefäßes mit der Form der Votivkerzen
identisch ist, kann man auch Votivkerzendochte
einsetzen Dabei muss auf die korrekte Dochtstärke geachtet werden. Die normalen Dochte
für Votivkerzen sind viel zu dünn.

Wenn das Dochtproblem gelöst ist, füllt man
das Wachs ein und lässt es auskühlen.

Gegossene Kerzen verzieren

Das Verzieren von Kerzen hat eine lange Tradition. Der Ursprung dürfte religiösen Charakters
sein, denn die Kirche hat seit ihrem Bestehen
Kerzen verwendet. Zu den verschiedenen kirchlichen Höhepunkten des Jahres wurden auch
immer wieder neue Kerzen mit entsprechenden
Applikationen, Verzierungen und Sprüchen
geschaffen, geweiht und abgebrannt.

Der Kirche ist es aus diesem Grund mit zu
verdanken, dass diese Tradition auch auf den
weltlichen Bereich überging. Inzwischen werden

Hochzeits-, Tauf-, Geburtstags- und andere Kerzen verkauft und auch selbst angefertigt.

> Die selbst gefertigte Kerze hat immer das Image eines Unikates und ist damit etwas ganz Besonderes, etwas Individuelles, das niemand in gleicher Form noch einmal besitzt.

Nachfolgend möchte ich Ihnen einige Möglichkeiten vorstellen, wie man Kerzen verzieren kann.

Angesichts des im Handel zu diesem Zweck angebotenen, reichhaltigen Materials stellt das Verzieren und Dekorieren von Kerzen keine unüberwindbare Hürde mehr dar.

Mit etwas Geschick und Geschmack kann man Kerzen fertigen, die jedermann begeistern.

Eine selbst gefertigte Kerze aus Nordtirol, die kunstvoll mit Blumenmotiven bemalt wurde.

Eine sehr große, verzierte Kirchenkerze zu einem festlichen Gottesdienst. (Foto: unbekannt)

Kinderkerzen

Zu Geburtstagen oder anderen Kinderfesten werden häufig auch bunte oder mit kindlichen Motiven verzierte Kerzen verschenkt, die dann zur Freude des Beschenkten ab und zu von den Eltern angezündet werden. Es versteht sich von selbst, dass sich brennende Kerzen oder Zündhölzer niemals unbeaufsichtigt in der Reichweite von Kindern befinden dürfen.

Für die Gestaltung dieser Kerze sprechen die nachfolgenden Bilder und Erläuterungen.

Um Text auf der Kerze anzubringen, wurde der Text, der Kerzengröße entsprechend, auf dem Computer erstellt und ausgedruckt.

Mit einem scharfen Cuttermesser werden die Buchstaben sauber ausgeschnitten.

Nachdem die Wachsfarbe getrocknet ist, werden die Klebestreifen und die Papierschablone von der Kerze genommen.

Mit zwei Klebestreifen wird die Schriftvorlage auf dem Kerzenkörper fixiert.

Mit einem Wachs-Pen wird der Schriftzug schließlich mithilfe der Schablone auf die Kerze gebracht. Dabei muss man sehr vorsichtig herangehen, damit das Flüssigwachs des Stiftes nicht unter das Papier der Schablone läuft.

Die fertige Kinderkerze des kleinen Willi

Der Handel für Bastelbedarf bietet Wachsfolien an, auf die man Motive vom darunter-
liegenden Papier übertragen kann.

Durch Andrücken des Wachsfolienrandes
und flächigen Andruck der gesamten Folie
haftet diese schließlich fest auf der Kerze.

Osterkerzen

Ostern ist die Zeit des Lichts. Die Tage werden
länger, der Winter ist gewichen und die Sonne
steigt unaufhörlich. Mit der Osterzeit ist der
Frühling eng verbunden. Kalendarisch gesehen
dauert der Frühling vom 20. März bis zum
21. Juni und Ostern fällt immer in den Zeitraum
vom 21. März bis zum 25. April, findet also
immer zu Frühlingsbeginn statt.

Nicht nur mit dem Wachs-Pen, sondern auch
und insbesondere mit einem Pinsel lassen
sich Wachsmalfarben auf der Wachsfolie aufbringen. Man muss sehr sorgfältig vorgehen,
weil der Untergrund und natürlich die spezielle Malfarbe eine ganz andere Vorgehensweise erfordern, als z. B. Wasserfarben.

Die Verbindung zwischen dem kirchlichen
Osterfest und der Frühlingszeit ist nicht nur auf
das Datum beschränkt, sondern hängt auch mit
der Auferstehung Jesu zusammen. Der Frühling
lässt das Leben auf der Erde erwachen, genauso
wie es Jesus für die Christen getan hat.

An Ostern feiern aber nicht nur die Christen,
sondern auch viele andere Menschen freuen sich
auf das neue Jahr. An Ostern gibt es das Brauch-
tum des Osterhasen oder des Osterlamms, auch
Osterschmuck ist häufig zu sehen. Diese Brauch-
tümer haben selten christlichen Ursprung, sondern stehen oft in Verbindung mit der Frühlingszeit. Zu diesem Osterschmuck zählen auch
Osterkerzen, die bunt und freundlich gestaltet
werden, so wie es der Frühling ist. Zur Herstellung solcher Kerzen benötigt man einige Materialien, die es im Bastelbedarf gibt, und zwar farbige Wachsfolien, Wachsmalfarbe und diverses
Werkzeug wie Messer und Schere.

Nach dem Trocknen der Wachsfarbe auf der
Folie wird das Motiv großzügig mit einem
Cutter ausgeschnitten. Man sollte einen
Rand von etwa 5 mm stehen lassen, der
beim Befestigen auf der Kerze hilfreich ist.

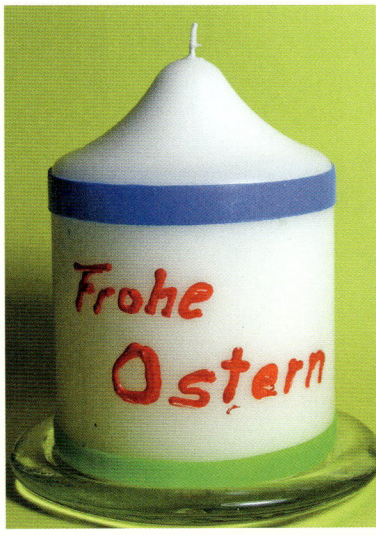

Die fertige Osterkerze von vorne und von hinten.

Eine dünne Osterkerze mit Verzierungen

Eine dicke Kerze, einige farbige Wachsfolien, schmal und breit, sowie Messer, Lineal und Wachsfarben reichen dafür aus.

Anbringen eines grünen Wachsstreifens im unteren Teil der Kerze, der die grüne Wiese darstellen soll.

Zuschneiden einiger Streifen aus der Wachsfolie

Die Sonne bekommt ein Gesicht aufgemalt und den Kerzenfuß zieren Grashalme aus Wachs.

Verwendung von Glitterfarbe

Mit Glitterfarbe lassen sich traumhafte Verzierungen auf Wachs anbringen. Nachstehend verzieren wir ein Kerzenei mit Goldglitter.

Die fertige, mit Goldglitter verzierte Osterkerze in Eiform

Auftragen der Glitterfarbe mit einem Pinsel

Kerzen mit Serviettendekor

Für Serviettendekor eignet sich jede gekaufte oder selbst hergestellte Kerze. Man sollte aber berücksichtigen, dass man Motive am besten auf hellen Kerzen erkennen kann. Die Serviette ist wie folgt vorzubereiten: Zuerst den Prägerand auflösen, die oberste, bedruckte Schicht abnehmen und das Motiv dann mit der kleinen Schere ausschneiden. Wer einen verrissenen oder so genannten Flatterrand lieber mag, reißt die Serviette rund um das Motiv händisch ab.

Man kann aber auch die gesamte Serviette auf der Kerze anbringen. Das ist aber nur dann möglich, wenn der Kerzendurchmesser das ermöglicht und das Motiv dafür geeignet ist.

Diese Kerze kann sich sehen lassen. Mit wenigen Schritten ist aus einer einfachen weißen Kerze ein Kunstwerk geworden.

Der Bereich der Kerze, auf dem der ausgeschnittene Serviettenteil oder die Serviette aufgebracht werden soll, wird nun mit Decofix grundiert. Ich bevorzuge dafür einen Pinsel. Nun wird die Serviette aufgelegt, glatt gestrichen und wiederum mit Decofix bestrichen. Dabei aber bitte vorsichtig zu Werke gehen, damit das durchgeweichte Serviettenpapier nicht reißt. Die Ränder müssen besonders fest auf der Kerze haften. Schließlich alles nochmals festsstreichen und trocknen lassen.

Kerze, Serviette und Decofix

Andrücken der Serviette an den Kerzenkörper.

Die Kerze wird mit Decofix bestrichen.

Nochmaliges Überstreichen der aufgeklebten Serviette mit Decofix

Aufbringen der Serviette auf die vorbereitete Kerze

Die aufgebrachte Serviette muss jetzt trocknen.

Flächenkerzen

Unter einer Flächenkerze versteht man eine Kerze, die mehr in die Breite als in die Höhe geht und die deshalb mit mehreren Kerzendochten oder ähnlichen Materialien ausgestattet ist. Dazu zählen die Schalenkerzen und die Feuerschale.

Schalenkerzen

Schalenkerzen sind ein großartiger Licht- und Duftspender für den Party- oder Gartentisch. Welches Wachs man dafür verwendet, ist gleich.

Wer einen bestimmten Duft mag, der gibt dem Wachs ein Duftmittel bei. Ich bevorzuge Bienenwachs wegen seiner natürlichen Herkunft und seines einmaligen Duftes. Als Behältnis für diese Schalenkerzen eignet sich alles, was etwa die Höhe eines Teelichtes besitzt, da Teelichtdochte verwendet werden. Das kann eine Glas-, Metall- oder Keramikschale sein. Auch hier ist darauf zu achten, dass die Schalen nicht unmittelbar auf Möbelflächen oder brennbaren Untergründen stehen.

Am Abend spenden die vielen Flammen der Schalenkerze ein warmes Licht, das Gemütlichkeit ausstrahlt.

Analog zu der anderen runden Schalenkerze, hier zur Wachsaufnahme eine längliche Keramikschale.

Auch diese Kerze ist Spender eines warmen Lichtes und eines hervorragenden Duftes.

Feuerschale

Material

- Wassertopf
- Keramik- oder Metallschale (feuerfest)
- Wachs jeder Art
- ein Blatt Toilettenpapier

Eine Feuerschale ist leicht und rasch zusammengebastelt. Man kann auch eine im Handel erhältliche Feuerschale verwenden. Deren Durchmesser ist allerdings recht groß, was nicht so günstig ist, weil ein weiterer Topf für das Wasserbad benötigt wird, der einen noch größeren Durchmesser haben muss.

Als Brennstoff kann man alle erreichbaren ein- oder mehrfarbigen Wachsreste sammeln oder man verwendet Stearin-, Paraffin- oder Bienenwachspastillen bzw. Wachs am Stück vom Imker.

Die Wachsreste werden in flüssiger Form in die Feuerschale gefüllt. Wichtig ist, dass bei Verwendung von Wachs- und Kerzenresten alle Verunreinigungen, sprich Dochte usw., entfernt worden sind.

Nach der Erstarrung besitzt das Wachs eine glatte Oberfläche. Das ist wichtig, um die Papierdochte später plan auflegen zu können.

Diese fertigt man aus einem Blatt Toilettenpapier.

Dazu wird das Blatt in vier etwa gleich große, viereckige Stücke geteilt. Man nimmt sie mit der Mitte und dreht sie schraubenförmig zusammen. Dadurch entsteht ein Zipfelchen, das möglichst nicht höher als 0,5 cm sein soll.

Die Auflagefläche eines jeden Dochtes beträgt dann etwa 1,5 cm. Größer sollte der Durchmesser nicht sein. Für eine Schale mit einem Durchmesser von 12 cm benötigt man drei Dochte, die man so aufstellt, dass sie sich nicht berühren. Dann tropft man flüssiges Wachs einer brennenden Kerze auf die Papierdochte, die dafür komplett auf dem Wachs aufliegen müssen. Nun zündet man die Dochte mit einem Kerzenfeuerzeug an.

Das Wachs schmilzt und die Dochte brennen etwa acht bis zwölf Stunden.

Eine Feuerschale ist sehr gut für abendliche Gartenpartys geeignet, weil sie über Stunden hinweg ein stimmungsvolles Licht spendet und darüber hinaus auch wärmend ist.

Eine käuflich zu erwerbende Feuerschale (Foto: www.yatego.com)

Duftkerzen selber machen

Variante 1

Duftkerzen sind ideale Geschenke zu Weihnachten, Ostern oder auch zu familiären Anlässen wie Geburtstag, Taufe usw. Sie lassen sich ganz einfach selber machen und sind ein ganz individuelles Produkt.

Die preiswerteste Art zur Herstellung von Kerzen und in diesem Fall von Duftkerzen ist die Verwendung von Kerzenresten.

Man kann natürlich auch Paraffin oder Stearin verwenden.

Soll die Kerze später ausgeformt werden, dann muss man auch hier darauf achten, dass bei Verwendung von Stearin das Schrumpfwachs hinzugefügt wird.

Am besten eignet sich wiederum ein fertiges Gießwachs, wie es der Fach- und Bastelbedarfshandel anbietet.

Bei der Resteverwertung sollte man beachten, dass es keine Reste von Duftkerzen sind, weil der gewünschte Duft sonst später überladen werden könnte.

Die Wachsreste schmilzt man in einem Topf, der sich im Wasserbad befindet. Zuvor muss man aber unbedingt den Docht so weit zurückschneiden, bis der unbenutzte Bereich erreicht ist. Ansonsten würden die Rußteile das Wachs verunreinigen.

Unwichtig sind die Farben der Wachsreste. Wer damit leben kann, hat anschließend eine ebenfalls individuell gefärbte Kerze, die sich aus der Mischung der Farben ergeben hat. Die im flüssigen Wachs schwimmenden Dochtteile werden nun entnommen. Dem flüssigen, aber nicht siedenden Wachs gibt man nun den Duftstoff hinzu.

Am besten eignen sich natürliche ätherische Öle oder Aroma-Öle, die keine chemischen Zusätze beinhalten, da beim Abbrand der Kerze ansonsten schädliche Substanzen freigesetzt werden können.

Man gibt dem flüssigen Wachs einige Tropfen hinzu und vermischt das Öl gründlich mit dem Wachs. Wie viele andere Autoren rate auch ich von der Verwendung von Parfüm ab, weil diese meist auch künstliche Ingredienzien besitzen. Man kann die Duftkerze auch noch optisch nach eigenem Geschmack herstellen, indem man zum Beispiel Glitter hinzufügt.

Als Form eignet sich wiederum jedes Gefäß, das man auch für andere Kerzen verwendet. Entscheidend ist immer, dass der Docht die richtige Stärke besitzt und dass er mittig platziert wird. Weil aber am Boden meist keine Öffnung vorhanden ist, um den Docht hindurchzuziehen, muss man ihn mit Heißkleber oder Ähnlichem am Boden befestigen und oben mittig mit Dochthaltern fixieren. Bei Formen aus dem Fachhandel sind Vorbereitungen dazu getroffen, die das Kerzengießen einfach machen. Aber gerade individuell gewählte Gefäße haben einen besonderen Reiz.

Alle in diesem Buch genannten Formen sind auch für die Herstellung von Duftkerzen geeignet.[8]

Variante 2

Duftkerzen in natürlichen Formen und mit ihrem eigenen Duft besitzen einen speziellen Reiz.

Als Beispiel dazu nimmt man eine Zitrone oder Limette, bei denen man das obere Drittel der Frucht mit einem Messer abtrennt.

[8] aus „Ausgefallene Ideen"

Aus dem verbliebenen größeren Teil der Frucht wird das Fruchtfleisch gründlich entfernt. Man muss dabei aufpassen, nicht die Wandung der Frucht zu verletzen. Mittig in der Fruchthülle wird ein Trinkröhrchen fixiert. Nun kann das Wachs vorsichtig eingefüllt werden. Wenn es erstarrt ist entfernt man das Trinkröhrchen und steckt in diese Öffnung den Docht. Nach dem Anzünden verschließt das flüssige Wachs den vorhandenen Freiraum der Dochtöffnung.

Kerzen tauchen

Zum Tauchen von Kerzen gibt es viele Methoden. Dazu benötigt man einen Topf, der als Wasserbad fungiert und auf der Wärmequelle steht, und ein weiteres Gefäß, das im Wasserbad steht und in dem sich das flüssige Wachs befindet.

> Wachse müssen wegen der Brandgefahr unbedingt immer im Wasserbad geschmolzen werden. Keine offenen Flammen wie Gasherd oder -kocher verwenden.

Die Höhe beider Gefäße ist abhängig von der gewünschten Kerzenlänge. Der verwendete Docht sollte immer deutlich länger sein als die Kerze. Wenn Kerzen paarweise getaucht werden, muss er doppelt so lang sein wie beide Kerzen. Nur so lässt es sich vermeiden, dass sie beim Abkühlen über Leisten oder Schnüren aneinanderstoßen. Oft nutzt man auch Leisten, in die kleine Haken geschraubt sind, an denen die Kerzen aufgehängt werden. Die Leisten befestigt man entweder an der Decke oder man legt sie

Insbesondere Kinder sind begeistert vom Kerzenziehen. Wichtig ist aber immer, dass eine erwachsene Person dabei ist, um den Tauchvorgang zu begleiten, damit nichts passiert.

Kerzenherstellung verschiedenster Art

über Böcke oder Stuhllehnen. Dadurch kann man gleichzeitig mehrere Kerzen herstellen, weil immer wieder welche abkühlen und andere gerade getaucht werden.

> Es ist ratsam, unter den Aufhängeleisten Papier oder Folie aufzulegen, damit der Fußboden nicht durch Wachstropfen verschmutzt wird.

Sehr wichtig ist die richtige Stellung des Dochtes bei der Kerzenherstellung. Das V-förmige Flechtmuster muss wie bei allen Kerzen mit Runddocht nach oben offen sein.

Variante 1

Material

- Topf für Wasserbad
- kleinerer Topf für das Wachs
- Wachs
- Kerzendocht
- Hakenleiste
- Abdeckfolie oder Papier

Herstellung

Die Höhe der Gefäße wird durch die beabsichtigte Kerzenlänge bestimmt. In den Topf, der auf der Heizquelle steht, wird der Behälter mit dem Wachs gestellt, das geschmolzen werden soll. Inzwischen schneidet man ganz nach eigenen Vorstellungen fünf bis zehn Dochtstücke in der Kerzenlänge plus 12–16 cm zu. An der unteren Seite des Dochtes wird durch einem Knoten ein Nagel oder eine kleine Mutter (Schraubenmutter) befestigt. Das strafft den Docht ein wenig und verhindert ein Abrutschen der Kerze. Man kann das auch weglassen, muss dann aber nach Abschluss der Tauchvorgänge die Kerze noch

Ein Mädchen beim Kerzentauchen. Die beiden Dochte sind durch eine Plastikfolie gezogen. Der Abstand ist so gehalten, dass die beiden Kerzen nicht zusammenstoßen.

Das Kerzenpaar wird für kurze Zeit auf eine Leiste gehängt, um abzukühlen.

einmal auf einer Unterlage rollen, damit sie gerade wird und dann noch mal kurz ins flüssige Wachs tauchen, damit die Oberfläche ebenmäßig wird. Oben macht man eine Schlaufe, um die entstehende Kerze zum Abkühlen an den Haken hängen zu können.

Nun taucht man den ersten Docht kurz in das flüssige Wachs, nimmt ihn heraus, lässt ihn kurz abtropfen und hängt ihn an einen Haken der Leiste. Gleichermaßen wird nun auch mit den anderen vorbereiteten Dochten verfahren und wenn alle getaucht sind, beginnt man wieder mit dem ersten usw., bis die gewünschte Dicke der Kerzen erreicht ist. Wenn mit vielen Kerzen gearbeitet wird, muss auch öfters neues Wachs in den Schmelztopf nachgefüllt werden. Unterhalb des Nagels oder der Schraube sammelt sich meist viel Wachs an, das man ab und zu abschneiden und in den Schmelztopf zurückgeben kann.

Hat die Kerze den gewünschten Durchmesser, werden der Nagel und die Schraube entfernt, dass Wachs darüber abgeschnitten, bei Bedarf noch mal kurz getaucht und dann zum Abkühlen an den Haken gehängt. Nach dem Abschneiden der Schlaufe ist die Kerze fertig. Sie besitzt nun eine leicht konische Form.

Wer sich zylindrisch geformte Kerzen wünscht, erreicht das, indem die Kerze nach jedem Tauchgang durch ein Loch mit dem gewünschten Durchmesser gezogen wird und anschließend zum Abkühlen an den Haken kommt. Das ist aber erst erforderlich, wenn im unteren Kerzenteil der gewünschte Durchmesser erreicht ist.

> Während der sich anschließenden Tauchgänge wird die Kerze jeweils durch die Bohrung gezogen und das Wachs abgestreift, dadurch entsteht ein fast gleichmäßiger Durchmesser bei der gesamten Kerze.

Sie ist fertig gestellt, wenn sie gleichmäßig dick ist. Dazu eignet sich hervorragend ein Stück Nirostablech, das einen mit der eigenen Hand gut zu umfassenden Durchmesser besitzt. In dessen Mitte befindet sich das Loch.

Die Scheibe sollte man außen mit einem Gummiring oder einem Plastikband versehen. Dadurch lässt sie sich besser halten und führen.

Variante 2

Material

- ein hoher Topf
- eine runde, hohe Blechdose
- ein alter Holzlöffel
- 1,5 kg Paraffin in Pastillenform
- 50 g Bienenwachs
- Kerzendocht
- Kerzenfarbe oder Wachstifte aus gefärbtem Bienenwachs (wenn gewünscht)
- Alufolie
- Butterbrotpapier
- Evtl. fein gemahlene Kräuter, Gewürze etc. für magisches Erscheinen

Herstellung

Zum Tauchen wird ein Topf mit Wasser auf der Herdplatte abgestellt und erhitzt. In dem Topf wird nun die Büchse mit dem Wachs platziert. Ist das Wachs geschmolzen, kann man die Wachsfarbe hinzufügen.

Die Arbeitsplatte neben dem Topf wird mit Alufolie abgedeckt. Da man die Kerzen immer paarweise ziehen sollte, schneidet man den Docht in einer Länge von mehr als dem Doppelten der Kerzenlänge zu.

Wegen der erforderlichen Abkühlzeiten zwischen dem Tauchen, empfiehlt sich die Verwendung von mehreren Docht- bzw. Kerzenpaaren.

Gezogene Kerzen in verschiedenen Größen in der Kerzenmanufaktur im Freilichtmuseum Wolfsee, nahe Kiel

Zum Aufhängen der getauchten Kerzen benötigt man auch bei dieser Variante eine gespannte Leine oder Leiste. Besser ist die Verwendung einer breiteren Leiste von etwa 12 cm, weil dann die Kerzen nicht miteinander in Berührung kommen. Beim Zuschneiden des Dochtes muss das Berücksichtigung finden.

Zum Eintauchen fasst man das erste Dochtpaar in der Mitte und hängt beide Enden in das flüssige Wachs. Anschließend werden die gewachsten Dochte über die Leiste bzw. Schnur gehängt, wo sie abkühlen können. Nun können die nächsten Paare getaucht werden und man verfährt auch hier wie beim ersten Paar. Dann beginnt man wieder beim ersten usw.

Wichtig ist, dass man mit den getauchten Dochten später nicht zu lange im flüssigen Wachs verbleibt, weil das bereits erstarrte Wachs sonst wieder schmilzt.

Ist die gewünschte Dicke erreicht, rollt man die Kerzen auf dem Butterbrotpapier, damit sie gerade werden. Danach werden sie nochmals getaucht und dann endgültig zum Auskühlen aufgehängt.

Gezogene Kerzen sind immer Unikate. Sie besitzen nie eine einheitliche Form. Das macht sie so interessant.

Gelkerzen herstellen

Gelkerzen sind einfach herzustellen. Wer mag, kann durch verschiedene Farbkombinationen und mit unterschiedlichen Eingießobjekten seiner Kreativität freien Lauf lassen. Im Prinzip verflüssigt man nur das Gelwachs und füllt es in geeignete Gefäße.

> Als optimaler Gefäßdurchmesser und -höhe werden immer wieder etwa 6 cm empfohlen. In zu engen Gefäßen kann es zu Problemen mit der Sauerstoffzufuhr kommen, wodurch die Flamme zu rußen beginnt. Verwendet man zu weite Gefäße, kann die Flamme ertrinken.

Dem kann man natürlich mit dickeren Dochten entgegenwirken, aber wenn diese wieder zu dick sind, rußt die Flamme ebenfalls. Am besten arbeitet man mit Steckdocht (Flachdocht 3 x 9 ist ein guter Standarddocht). Er wird einfach ins fast erstarrte Wachs gesteckt. Dochte mit Metallfuß brennen länger, weil sie nicht vorzeitig umkippen. Sie müssen aber im leeren Glas fixiert und dann mit eingegossen werden.

Gelkerzen sind sehr attraktive Leuchtmittel im Wohnbereich. Auch hier ist viel Experimentierarbeit notwendig, insbesondere wegen der unterschiedlich großen Gefäße, die jeder nach eigenem Geschmack auswählt und der damit verbundenen richtigen Dochte.

Verarbeitung

Das Kerzengel wird im Wasserbad erhitzt, bis es dünnflüssig ist. Wer es wünscht, kann in dieses geschmolzene Kerzengel Kerzengel-Farbe und/oder Duftöl einrühren. Ist das Kerzengel dünnflüssig geworden, füllt man es in ein feuerfestes Gefäß. Dafür bietet sich insbesondere

Glas an, da es die Transparenz des Kerzengels zur Wirkung kommen lässt. Bevor das Gel aushärtet, muss der Docht eingesetzt werden. Alternativ kann man den Docht auch vor dem Gießen einstellen. Dazu empfiehlt es sich, vorab etwas Kerzenengel in das Glas zu geben, den Docht einzustecken und ihn am oberen Glasrand mittig mit einem Dochthalter zu fixieren. Nach dem Abkühlen wird das Glas zur Gänze mit Kerzengel gefüllt.

Man kann das Kerzengel auch schichtweise einbringen. Ist jedoch das bereits im Glas befindliche Gel zu sehr ausgekühlt, kann man am Ende die Schichtungen erkennen. Das ist besonders dann interessant, wenn man unterschiedliche Farbschichten in der Gelkerze haben möchte. Darüber hinaus lassen sich, abhängig vom eigenen Geschmack oder Anlass, Dekorteile einbringen, und zwar bspw. aus Glas, Porzellan, Stein oder Muschelmaterial.

Die fertiggestellte Gelkerze kann nun verwendet werden.

Sicherheitshinweise

Kerzengel ist brennbar und darf deshalb nur im Wasserbad geschmolzen werden. Ein direktes Schmelzen im Topf auf der Heizplatte oder über offener Flamme ist sehr gefährlich und unverantwortlich.

Das Schmelzen von Kerzengel ist sehr energieintensiv, da es erst bei 90 bis 95 °C zu schmel-

zen beginnt. Die Dämpfe des Kerzengels können sich ab 180 °C selbst entzünden.

Es dürfen keine brennbaren Dekor-Gegenstände in die Gelkerze eingebracht werden.
Wie jede Kerze dürfen auch Gelkerzen nie unbeaufsichtigt abbrennen.

Vorsicht mit Kerzengel bei Kindern. Diese unbedingt davon fernhalten!

Das Kerzengel wird in einem Glas, das wiederum im Wasserbad steht, geschmolzen.

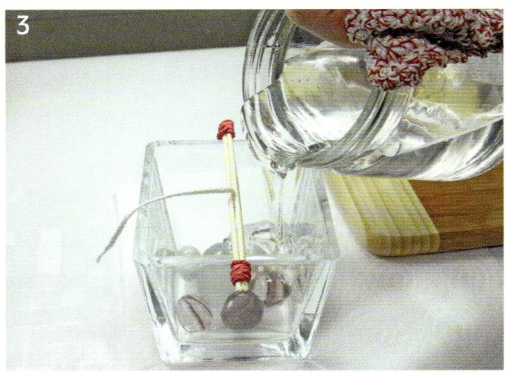

Einfüllen des flüssigen Gelwachses in das Kerzengefäß

In das Glas wurden inzwischen einige Dekosteine gelegt und der Docht eingespannt.

Nach Zugabe und Fixierung weiterer Dekoteile (Fische) wird erneut flüssiges Kerzengel eingefüllt.

Das Licht der Kerzenflamme strahlt bis zum Boden der Kerze und bietet einen wunderschönen Anblick.

5

Inzwischen ist ein zweites Kerzenglas vorbereitet worden und das flüssige Gel wird eingefüllt.

6

Nach dem Erstarren des Kerzengels wird der Dochthalter entfernt und der Docht gekürzt.

Festtagsschmuck

Es ist eine alte Tradition und Sitte, zu besonderen Anlässen und insbesondere zu Festtagen Häuser, Wohnbereiche, Straßen und Kirchen entsprechend zu schmücken.

Insbesondere die hohen christlichen Feiertage Ostern und Weihnachten erleben in jedem Jahr eine Steigerung. Teilweise ist es kein Kult mehr, sondern ein Wetteifern, wer wohl den auffälligsten, oft kitschigsten Schmuck zu bieten hat.

Bei dem hier vorgestellten Festtagsschmuck geht es einmal bescheiden und auch traditionell zur Sache.

Christbaumschmuck

Weihnachten ist ein besonderer Höhepunkt im Jahr. Bereits in der Vorweihnachtszeit werden die Kinder langsam ungeduldig. Adventmärkte stimmen sie und auch die Eltern auf das bevorstehende Fest ein. Geduldig wird nach einem den eigenen Ansprüchen entsprechenden Christbaum gesucht, der meist auch gefunden wird. Doch der Baum alleine macht noch keinen Christbaum aus. Erst die Dekoration des Baumes mit Kugeln, Lametta, Girlanden und Süßigkeiten macht ihn zu dem, was wir uns vorstellen.

Um Abwechslung in den Baumschmuck zu bringen, gibt es vielfältige Möglichkeiten, der eigenen Kreativität und der der Kinder freien Lauf zu lassen.

Ich möchte hier einen Baumschmuck vorstellen, der einfach anzufertigen und hübsch anzuschauen ist. Das Material dazu liefern die Bienen, nämlich das Bienenwachs.

Die soeben hergestellten Wachsfiguren ergänzen den konventionellen Christbaumschmuck und der Duft des Wachses gesellt sich zu den weihnachtlichen Düften im Haus.

Material

- Ausstechformen für Plätzchen aus Metall
- Wachsplatte aus Bienenwachs
- Schere
- Nähgarn oder Zierband
- Selbstklebende Sticker (Sternchen etc.)

Die ausgestochene Wachsfigur hängt zuerst einmal in der Form. Mit dem Finger kann man sie aus der Form herausdrücken.

Ausstanzen von Wachsfiguren mit Ausstechformen für Plätzchen. Die Bienenwachsplatten müssen warm und weich sein. Dennoch ist der Kraftaufwand relativ hoch. Zudem drückt man sich die Rückseite der Form in die Handfläche. Um das zu vermeiden, legt man einfach ein Stück Holzleiste auf die Form und übt den Druck von dort aus.

Um die Wachsplatte effektiv auszunützen, setzt man die unterschiedlichen Formen so, dass der Abfall, der ohnehin wieder eingeschmolzen werden kann, gering ist.

Zum Aufhängen auf den Christbaum müssen noch Anhänger angebracht werden. Zuvor sticht man ein Loch in das Wachs. Sehr gut geht das mit einem Kugelschreiber, aus dem die Mine entfernt wurde.

Alle Wachsfiguren haben ihren Aufhänger erhalten.

Goldene Sternchen als Sticker auf den Wachsfiguren heben das weihnachtliche Flair hervor.

Osterschmuck

Ostereier künstlerisch mit Wachs verzieren

Das Ei gilt seit jeher als ein Symbol für Wachstum und Fruchtbarkeit. Daraus resultiert der jahrhundertealte Brauch, im Frühling Eier zu verschenken, weil die im Ei innewohnende Kraft auf den Beschenkten übergehen soll.

Sowohl die heidnischen Vorstellungen von der Wiedergeburt der Natur nach einem langen Winter wie auch die im christlichen Glauben verankerte Wiederauferstehung wurden mit dem Verschenken von Eiern symbolisch dargestellt.

Mustervorlagen für Ostereier

Dazu wurden die Eier künstlerisch bemalt und verziert. Dort, wo dieses Eierbemalen Tradition hatte, wird es noch heute praktiziert. Insbesondere die Wachstechnik ist sehr weit verbreitet. In der Ukraine nimmt man dazu ausschließlich Bienenwachs.

In Deutschland sind es die Sorben im östlichen Teil des Landes, die die Tradition des Eierverzierens begründet haben. Die älteste Erwähnung sorbischer Ostereier soll aus der Zeit um 1700 stammen. Das Bemalen und Verzieren von Eiern ist dort ein fester Jahresbrauch geworden. Es gibt Vereine, in denen die Eier gemeinschaftlich bemalt und verziert werden und es gibt sogar die Möglichkeit, dass Interessierte diese

niken gefärbt, wie es auch heute noch üblich ist. Die ukrainischen Frauen bereiteten damals wie heute zwei verschiedene Arten von Eiern vor: Gekochte Eier, die in einer Farbe gefärbt werden und zum Verzehr gedacht sind, und ungekochte, mehrfarbige Eier, die als Schmuck gedacht waren und aufbewahrt wurden.

Die Farben gewann man damals aus verschiedenen Pflanzen- und Baumrinden sowie aus Blättern und Früchten. Mit der Einführung des Christentums in der Ukraine um 988 n. Chr. wurden die alten heidnischen Sitten und Bräuche durch die christlichen Bräuche rund um das österliche Fest der Auferstehung verdrängt. Nun wurden die Dreiecksmuster, die einst die Ele-

Sorbische Ostereier mit verschiedenen Mal-, Wachs-, und Kratztechniken

Kunst erlernen können. In Bautzen organisiert der Förderkreis für sorbische Volkskultur jährlich Wettbewerbe um das schönste sorbische Osterei usw.

Eine noch längere Tradition der künstlerischen Bearbeitung von Eiern gibt es in der Ukraine.

Auch dort galt nach alten heidnischen Vorstellungen das Ei als Symbol für die Erneuerung der Natur und des Lebens. Der Frühling war nach dem langen, kalten Winter die lang ersehnte Zeit. Man veranstaltete Frühlingsfeiern und die Eier wurden in zwei oder drei Farben mit Wachstech-

mente Luft, Feuer und Wasser symbolisiert hatten, durch die Symbole für die Dreifaltigkeit ersetzt. Die alten und neuen Symbole vermischten sich aber im Laufe der Zeit und sie werden heute noch verwendet.

Motive und Muster
Die überwiegend verwendeten Motivgruppen stammen aus der Pflanzen- und Tierwelt sowie aus geometrischen Mustern. Aber darüber hinaus gibt es noch sehr viele andere Muster. Dabei ist der Phantasie des Künstlers keine Grenze gesetzt.

Innerhalb des Bereichs der pflanzlichen Motive symbolisieren die Blumen Liebe und Fürsorge, speziell die Sonnenblumen gelten als Zeichen der wärmenden Sonnenstrahlen usw. Tiermotive sind Ausdruck der Kraft, Stärke und Ausdauer bestimmter Tierarten. Auch die geometrischen Symbole sind zahllos und lassen grenzenlosen Spielraum für die eigene Kreativität.

Vorbereitung

Verwendet werden überwiegend frische Hühnereier. Deren Schale muss glatt und ohne Fehler sein. Eine Reinigung der Schalen sollte nur sehr vorsichtig geschehen. Dazu stellt man aus einem Viertelliter Wasser und einem Esslöffel Essig das Reinigungsmittel her. Anschließend wird das Ei mit einem sauberen Tuch vorsichtig abgetrocknet.

Man kann statt der rohen Eier auch gekochte nehmen, aber dabei besteht die Gefahr, dass winzige Haarrisse in die Schale kommen und Wasser beim Kochen eindringt, das die Verzierungen später beschädigt.

Selbstverständlich kann man auch ausgeblasene Eier verwenden. Diese kann man auch in den folgenden Jahren an einen Osterstrauß hängen. Damit das Innere zum Verarbeitungszeitpunkt trocken ist, müssen die Eier lange davor ausgeblasen werden. Zum Verzieren muss das Ei Raumtemperatur besitzen, damit es nicht schwitzt und sich dadurch Feuchtigkeit auf der Schale bildet.

Material

Für die Wachstechniken verwendet man vorzugsweise Bienenwachs. Verglichen mit anderen Wachsen besitzt Bienenwachs eine große Elastizität. Dadurch ist es möglich, Wachslinien mit glatten Rändern auf der Eischale anzubringen.

Außerdem haftet Bienenwachs besser auf der Eischale und verhindert damit ein Einsickern der Farbe unter die Wachsstrukturen.

Die Farben gibt es im Handel zu kaufen. Oft werden sogar ganze Bastelsets einschließlich der Zeichengeräte angeboten. Wachs wird nur in kaltem Zustand gefärbt, weil es in einem warmen Farbbad weich werden würde oder gar schmelzen könnte. Als Arbeitsgeräte zum Aufbringen bzw. Auftupfen des flüssigen Bienenwachses verwendet man zugeschnittene Gänsefedern, Stecknadelköpfe, Zeichenfedern und mancherlei eigenwillige Konstruktionen.

Arbeitsschritte

In einem ersten Arbeitsschritt sollte das Ei mit einem harten Bleistift in geometrische Segmente aufgeteilt werden. Das erleichtert die Entwicklung einfacher Muster in gleicher Größe und Gestalt.

Die Erläuterungen zu den einzelnen Schritten sind den Abbildungen beigefügt.

Auftragen von Bienenwachs auf ein ukrainisches Osterei mit einem keilförmigen, kleinen Trichter, in dem das flüssige Wachs aufgenommen wird. Es läuft unten aus einer dünnen Öffnung.

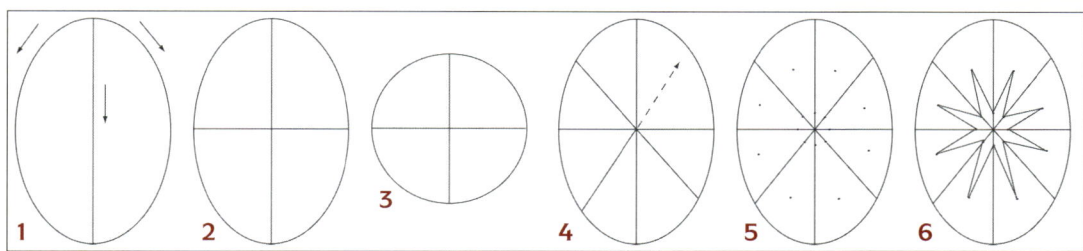

1. Über die Längsachse des Eies werden mit dem Bleistift Linien gezogen. Das Ei ist anschließend in vier Längssektoren aufgeteilt.
2. Nun erfolgt das Anbringen einer Linie um die Eimitte.
3. Blick von oben auf das grafisch partitionierte Ei
4. Als nächstes werden vom Mittelpunkt ausgehend diagonale Linien gezogen. Dadurch entstehen auf jeder Seite acht, also insgesamt 16 Felder auf dem Ei.
5. Das erste Wachs kann aufgetragen werden. Mit flüssigem Wachs bedeckt man dazu in dünnen Strichen die vorher aufgezeichneten Linien. Anschließend setzt man in gleichem Abstand vom Mittelpunkt in jedes Feld und auf die Linien einen Wachspunkt wie auf der Zeichnung dargestellt.
6. Die Wachspunkte werden nun mit Wachslinien verbunden. Sie ergeben einen Stern. Auf dem fertigen Muster werden sie später weiß erscheinen.

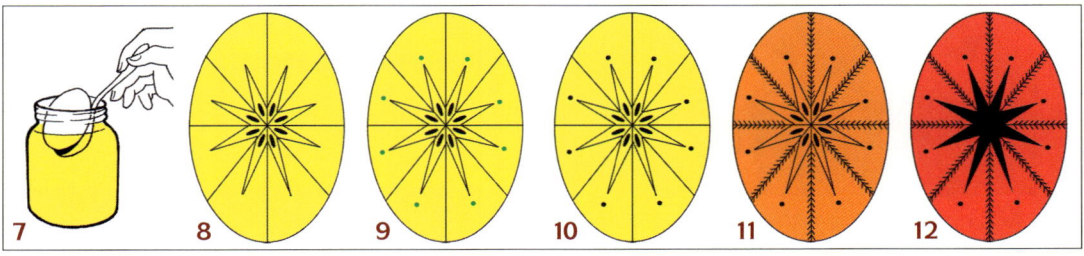

7. Das Ei wird nun auf einem Löffel in die gelbe Farblösung getaucht, wo es für fünf bis zehn Minuten verbleibt. Nach der Entnahme trocknet man es ganz vorsichtig mit einem weichen Tuch ab, ohne zu reiben.
8. Die mit Wachs versehenen Stellen auf dem gefärbten Ei werden später weiß bleiben. Auf beiden Seiten des Eies wird in jeden Sternenstrahl ein Blatt gezeichnet, dass dann mit Wachs ausgefüllt wird.
9. Wie in der Zeichnung dargestellt, wird etwas oberhalb von jedem Sternenstrahl ein grüner Punkt angebracht. Zum Auftragen der grünen Tupfer verwendet man entweder einen dünnen Pinsel oder ein Wattestäbchen. Danach macht man die Farbtupfer mit einem Tuch vorsichtig trocknen. Wenn sich die Farbe etwas vermischt, ist das kein Grund zur Sorge.
10. Jetzt wird jeder grüne Punkt mit flüssigem Wachs abgedeckt und die anschließende Färbung des Eies mit orangener Farbe deckt die kleinen Verwischungen mit ab.
11. Nach ca. fünf bis zehn Minuten wird das Ei aus der orangen Farblösung herausgenommen und wiederum vorsichtig mit einem weichen Tuch abgetrocknet. Mit dem Zeichengerät werden jetzt entlang der diagonalen Linien kleine Wachsstriche aufgetragen. Anschließend kommt das Ei in die rote Farbe. Nach der Entnahme wird es wieder abgetrocknet.
12. Auf dem trockenen, rot gefärbten Ei wird jetzt der Stern innen mit Wachs ausgefüllt und das Ei wird nun in schwarze Farbe getaucht, nach weiteren zehn Minuten herausgenommen und abgetrocknet.

Das Grundprinzip dieser Technik beruht auf dem schichtweisen Auftragen von Farbe und Wachsabdeckung. Überall dort, wo Muster mit Wachs abgedeckt sind, kommt keine Farbe auf die Schale. Auf diese Weise kann man mehrfarbige und filigrane Farbstrukturen auftragen. Zuletzt wird das Wachs vorsichtig über einer Kerzenflamme erwärmt und mit einem sauberen und weichen Tuch abgewischt. Nun erst kommen alle Strukturen und Farben zum Vorschein. Im letzten Arbeitsgang werden die Eier schließlich mit einer

Lackschicht überzogen. Auch hierbei ist der eigenen Vorstellung keine Grenze gesetzt. Man kann Klarlack, Schelllack oder einen Lackspray verwenden. Vielfach werden die Eier auch in einen Lackbehälter getaucht und zum Trocknen auf ein Nagelbrett gestellt. Jedes Ei steht dabei auf drei oder vier Nägeln. Dadurch ist die Berührungsfläche mit dem frisch lackierten Ei sehr gering.

Das Ergebnis sind herrlich dekorierte und einmalige Ostereier.

Was das Muster betrifft, ist das Ei nun fertig. Jetzt muss das Wachs abgeschmolzen werden, um das darunterliegende Muster zu sehen. Dazu hält man das Ei seitlich an eine Kerzenflamme. Wenn die Oberfläche „nass" aussieht, wird das Wachs mit einem weichen Lappen abgewischt. Das ist der spannende Augenblick, in dem das Ei zu farbigem Leben erwacht. Die Oberfläche sollte nicht auf einmal erwärmt werden, sondern nach und nach. (Foto: Eggs Beautiful, Ukrainian Gift Shop, Minneapolis, Minnesota)

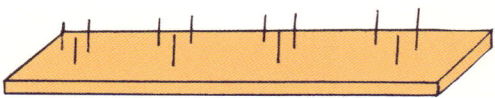

Nagelbrett zum Abstellen der Eier (Foto: Eggs Beautiful, Ukrainian Gift Shop, Minneapolis, Minnesota)

Der letzte Arbeitsgang ist das Lackieren der Ostereier. (Foto: Eggs Beautiful, Ukrainian Gift Shop, Minneapolis, Minnesota)

Das fertige Osterei (Foto: Eggs Beautiful, Ukrainian Gift Shop, Minneapolis, Minnesota)

Wachs-Ostereier

Im Folgenden wird eine einfache Möglichkeit, Ostereier mit Wachsreliefs oder Wachsstrukturen zu verzieren, vorgestellt.

Die dazu benötigten Materialien sind einfach und bescheiden und auch die Gestaltung der Eier selbst ist ein Kinderspiel. Obwohl hier nachdrücklich vermerkt werden soll, dass Kinder diese Tätigkeit nur unter Aufsicht ihrer Eltern oder Aufsichtsberechtigten durchführen sollen.

Material

- Kerzen in unterschiedlichen Wachsfarben
- Ausgeblasene Eier
- ein Feuerzeug
- Papier oder Folien als Unterlage

Durchführung

Zuerst werden die Kerzen in unterschiedlichen Farben oder die Bienenwachskerzen angezündet. Das Ei wird daraufhin auf eine Unterlage gelegt und abwechselnd mit dem Wachs der verschiedenen Farben betropft. Wer besonders viel Geschick besitzt, kann damit auch Strukturen und Formen tropfen. Wichtig ist, dass man immer wieder abwartet, bis die Tropfen fest geworden sind, ehe man andersfarbige Wachstropfen aufbringt.

Osterkerzen

Osterkerzen haben eine lange Tradition. Nachfolgend nur zwei kleine Anregungen für eine bescheidene österliche Dekoration.

Gegossene Osterkerze aus Bienenwachs mit Weidenzweig als Verzierung

Eine gegossene Eikerze aus Kompositionswachs mit glatter Oberfläche

Wachsblumen

Vielfach kennt man die Wachsblumen nur aus den Schießbuden auf den Volksfesten oder in Kränzen bei Trauerfeiern. Diese Blumen sind aber aus gewachstem Papier gefertigt, haben also keinen natürlichen Ursprung. Ganz anders sieht die Sache aus, wenn man frische Blumen, z. B. Rosen, ganz rasch in nicht zu heißes, flüssiges Bienenwachs taucht und sie ebenso rasch herausnimmt und kopfüber hält, damit das überschüssige Wachs abtropfen und das Wachs an der Blüte und ggf. an den Blättern erstarren kann. Man kann solche Blumen als zeitlose Tischdekoration oder zu anderen dekorativen Zwecken verwenden. Versuchen Sie es. Das gleiche funktioniert natürlich auch mit Stearinwachs.

Barren aus Bienenwachs

Bienenwachs ist eine begehrte Ware. Der eine Kunde benötigt mehr, der andere weniger. Wer Bienenwachs nur für die Herstellung von etwas Creme, Salbe oder für kleinere Reparaturen benötigt, möchte keine große Wachsmengen kaufen. Dafür eignen sich stattdessen kleine Wachsbarren, deren Gewicht zwischen 32 und 35 g liegt. Dafür gibt es Gießformen mit dem Eindruck „Bienenwachs". Aber nicht nur für den Verkauf sind solche Wachsbarren attraktiv, sondern auch zum Verschenken an Freunde und Bekannte, die gerne mit Bienenwachs basteln.

Herstellung

Die Anfertigung solcher Wachsbarren ist denkbar einfach. Zuerst benötigt man die entsprechenden Formen. Die beiden von mir verwendeten Formen sind schon seit über 25 Jahren in Verwendung. Leider habe ich in den

letzten Jahren festgestellt, dass sie aus den Katalogen der Händler verschwunden sind. Das ist sehr schade und ich hoffe deshalb, dass meine Bemerkungen an dieser Stelle dazu führen, dass solche Formen wieder auf dem Markt auftauchen. Vor dem Befüllen mit Wachs benetze ich die Oberfläche der Formen mittels eines Tuches ganz leicht mit Salatöl. Nun wird die Form auf einer waagerechten Unterlage abgestellt und mit Wachs gefüllt. Nach dem Erkalten lassen sich die kleinen Wachsbarren leicht entnehmen. Auf ihrer Oberseite tragen sie die Aufschrift „Bienenwachs".

Zwei noch leere Gießformen aus Plastik für
Wachsbarren

Durch Druck auf den Boden der Formen
lösen sich die Wachsbarren. Sie fallen dann
einfach aus den Formen heraus.

Befüllen der Formen mit flüssigem
Bienenwachs

Jene, die nicht herausfallen,
werden nur kurz bewegt.

Die Wachsbarren sind erstarrt und können
aus der Form genommen werden.

Zehn gelungene Wachsbarren, verwertbar
für unzählige Zwecke, liegen auf dem Tisch.

Gesundheit und Wellness

Bienenwachs in der Wärmetherapie

Der gesunde menschliche Organismus ist in der Lage, die lebenserhaltende Körpertemperatur überwiegend und unabhängig von der äußeren Umwelt selbst zu regulieren und zu halten. Physische oder psychische Erkrankungen, zu wenig Bewegung und die mangelnde Robustheit gegenüber klimatischen Gegebenheiten können diesen lebenswichtigen Umstand teilweise beeinflussen. In der Folge leidet die Thermoregulationsfähigkeit des Körpers darunter.

Ein elementares Therapiemittel ist die gezielte Anwendung von Wärme.

Mithilfe von Wärme lassen sich Schmerzen und Verspannungen lindern oder beheben. Dabei muss beachtet werden, dass heilsame Wärme nicht gleichbedeutend ist mit „viel hilft viel". Im Gegenteil: Man wendet sie maßvoll und bedarfsgerecht an.

Bienenwachsauflage

In der Physiotherapie verwendet man bei Schmerzen des Bewegungsapparates häufig Bienenwachsauflagen.

Material

- 100 g Bienenwachs (rückstandsfrei beim Bio-Imker zu bekommen)
- ein Tuch aus Leinen oder Baumwolle (aus ökologisch erzeugten Materialien), ca. 50 x 50 cm groß

Zubereitung

Das Bienenwachs wird in einem Topf, der im Wasserbad steht, eingeschmolzen. Anschließend wird das Tuch in das Wachs getaucht, herausgenommen und, nachdem es kurz erstarrt ist, auf die erwünschte Größe gefaltet. Wer eine dickere Wachsschicht wünscht, taucht das Tuch wiederholt in das flüssige Wachs.

Auch die Verwendung eines Backbleches zur Herstellung eines solchen Tuches soll kurz beschrieben werden.[9] Die Größe des Tuches muss dem Backblech angepasst werden. Dazu wird das Bienenwachs zerkleinert, auf dem Blech verteilt und bei 60 bis 70 °C geschmolzen.

Nun wird das Tuch auf das Backblech gelegt, damit es sich mit dem Wachs vollsaugen kann. Dann kann es entnommen und sofort verwendet werden.

Beabsichtigt man eine spätere Verwendung, legt man nach der Erkaltung ein Backpapier darauf und rollt beides zusammen. Dadurch wird ein Zusammenkleben des Tuches vermieden.

In das flüssige Wachs wird nun ein Tuch eingelegt. In diesem Fall ist es ein Frottee-Gästetuch, das in der Lage ist, viel Wachs aufzusaugen.

Wenn sich das Baumwolltuch mit Wachs vollgesogen hat, nimmt man es heraus und lässt es abtropfen. Dabei erstarrt das Wachs im Gewebe. Wird die Wachsauflage zu dieser Zeit nicht benötigt, wird sie auf ein Backpapier oder Pergamentpapier gelegt.

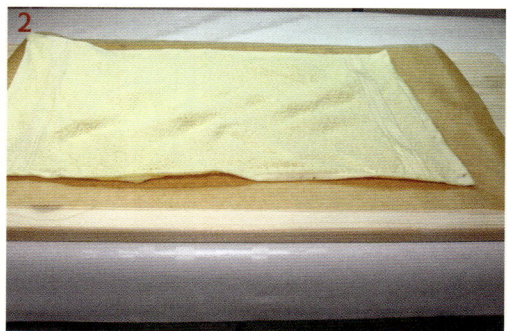

Damit das Wachs nicht an der Auflage haftet, rollt man es mit dem Backpapier zusammen.

*Die Auflage wird trocken und lichtgeschützt bis zur Benutzung aufbewahrt.
Empfehlenswert ist die weitere Verpackung in einen dicht schließenden Plastikbeutel, damit die flüchtigen Substanzen des Bienenwachses nicht entweichen können.*

[9] Rosemarie Bort

Anwendung

Die fertige Wachsauflage muss vor dem Auflegen erwärmt werden. Das kann auf unterschiedliche Weise geschehen. Man empfiehlt die Verwendung einer Wärmflasche oder eines Föns als Heizquelle.[10]

> Zu beachten ist dabei, dass die Auflage nicht auf über 60 °C erwärmt werden darf, weil das Wachs ansonsten zu schmelzen beginnt. Sie soll aber so warm sein, dass sie haften bleibt.

Die Auflage wird nun auf die Körperstelle gelegt, die behandelt werden soll. Das kann eine schmerzende Stelle des Rückens, eines Gelenkes oder Ähnliches sein. Darauf legt man ein Frottee- oder Wolltuch und darauf noch eine Wärmflasche, ein Dinkelkissen oder Ähnliches. Damit die Wärmespender keine oder kaum Wärme nach oben abgeben, deckt man sie entweder mit einem dicken Tuch, einer Isomatte oder -folie ab. Die Einwirkungszeit sollte mindestens 30 Minuten betragen. Wachsauflagen kann man mehrfach verwenden, zumindest so lange, wie sie noch nach Bienenwachs duften.

Salben-Rezepte

Der griechische Arzt Galenos von Pergamon (129–199 n. Chr.) soll die ersten Salben mit Bienenwachs hergestellt und angewendet haben.

Im Unterschied zu Cremes sind Salben wasserfrei. Das hat den Vorteil, dass sie länger haltbar sind.

Ringelblumensalbe – Rezept 1

Zutaten
50 g Bienenwachs
250 ml Olivenöl (auch jedes andere kalt gepresste Öl)
50 g Sheabutter oder Kakaobutter
zwei Hände voll getrocknete, zerkleinerte Ringelblumenblüten

Die Konservierung erfolgt mit 10–15 Tropfen Vitamin E-Acetat.

Zubereitung
Bienenwachs, Olivenöl und Shea- oder Kakaobutter werden in einem großen Becherglas oder einem Topf im Wasserbad geschmolzen. Beachten Sie bitte, dass das Glas groß genug ist, um auch die Ringelblumenblüten zu fassen. Diese pulverisiert man am besten in einer schnell rotierenden Schlagwerkmühle. Anschließend werden die zerkleinerten Ringelblüten der Mischung im Becherglas hinzugegeben, woraufhin das Ganze noch einmal erhitzt wird, bis es aufschäumt. Anschließend wird das Glas oder der Topf von der Heizplatte genommen. Nach 24 Stunden verflüssigt man das Ganze erneut im Wasserbad. Anschließend wird der Inhalt über ein Filterpapier von den ausgelaugten Ringelblumenblüten getrennt und in Salbendosen abgefüllt.

[10] Bienenmobil.de

Abwiegen der benötigten Menge an Bienenwachs mit einer Feinwaage

Abmessen der benötigen Menge an Olivenöl
mithilfe eines skalierten Laborglases

Das Abwiegen der Kakaobutter in einem
Mörser

Zum Zerkleinern der getrockneten Ringelblumenblüten eignet sich sehr gut eine schnell-
laufende Schlagwerkmühle. Man kann sie
aber auch in einem Mörser mithilfe eines
Schlegels zerkleinern. Das dauert allerdings
länger und die Blüten werden nicht so fein
zerkleinert.

Das Bienenwachs, das Olivenöl und die
Kakaobutter werden in die Schmelzschale
gegeben.

Wenn alle Zutaten der Fettphase verflüssigt
sind, werden die zerkleinerten Ringelblumenblüten hinzugefügt und das Ganze gut verrührt.

Nachdem die Mischung einen Tag gestanden hat, damit die Wirkstoffe der Ringelblumen herausgezogen werden, verflüssigt man erneut alles und filtert die Mischung anschließend, um die Ringelblumen von der Salbe zu trennen. Das Filtern ist allerdings recht mühselig, weil das Papier wegen des erstarrenden Wachses häufig undurchlässig wird.

Schneller lässt sich die verflüssigte Salbe von den Ringelblumenblüten trennen, wenn man ein Teesieb oder Ähnliches benutzt.

Zugabe der 15 Tropfen Vitamin-E-Acetat zur Konservierung der Salbe.

Zum Schluss wird die Salbe in noch flüssigem Zustand in die Salbendosen abgefüllt.

So schaut die Salbe schließlich im Erstarrungszustand aus.

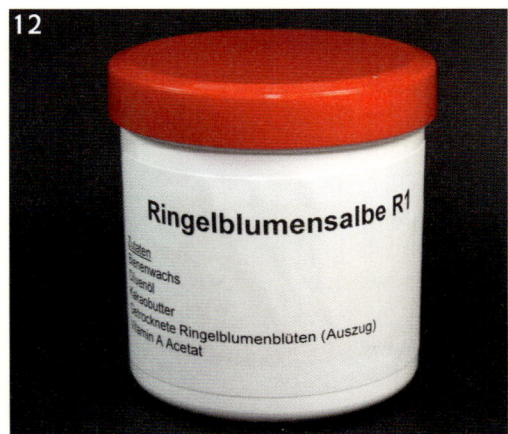

Wenn mehrere Salben und Cremes hergestellt wurden, sollte man unbedingt Aufkleber an den Dosen anbringen, die den Inhalt deutlich machen.

Ringelblumensalbe – Rezept 2

Zutaten
200 ml Olivenöl
20 g getrocknete
Ringelblumenblüten
15 g Bienenwachs
10 g Kakaobutter
4 g natürliches
Vitamin E

Zubereitung
Die 200 ml Olivenöl werden zusammen mit den Ringelblumenblüten auf max. 90 °C erhitzt. Man lässt die Mixtur anschließend ca. 15 Minuten ziehen und gießt sie dann durch ein feines Sieb ab. Das gesiebte Öl wird nun im Wasserbad nochmals erhitzt. Dem heißen Öl werden die 15 g Bienenwachs und die 10 g Kakaobutter hinzugegeben. Das Ganze wird so lange gerührt, bis alles geschmolzen ist, dann wird der Topf aus dem Wasserbad genommen und unter Rühren etwas abgekühlt. Nun wird noch das Vitamin E untergerührt und die Salbe wird in Salbentiegel abgefüllt. Sie ist etwa ein Jahr lang haltbar.

Creme-Rezepte

Cremes mit Bienenwachs

Bei der Selbstherstellung von Cremes muss man darauf achten, dass man ausschließlich Inhaltsstoffe verwendet, die dermatologisch unbedenklich sind, denn die Creme soll ja länger auf und in der Haut verbleiben und wirken. Wer sich an diesen Maßstab hält, wird später auch keine andere als die selbst angefertigte Creme verwenden wollen. Man weiß schließlich, welche Inhaltsstoffe für die Creme Verwendung fanden.

Handcreme[11] – Rezept 1

**Zutaten für die
Fettphase**
15 g Sesam-,
Distel-, oder Oliven-
öl (oder jedes
andere Öl)
2 g Cetylalkohol
7 g Tegomuls
4 g Bienenwachs

85 ml Wasser, die
der Fettphase hinzu-
gefügt werden

Zusatzstoffe, die man dieser Handcreme noch hinzufügen kann
½–1 Messlöffel D-Panthenol 75 %
20 Tropfen Provitamin F
30 Tropfen Aloe Vera 10-fach
½–1 Messlöffel Kamillenextrakt

Zubereitung
Zuerst löst man den Cetylalkohol auf und gibt dann die anderen Bestandteile der Fettphase unter ständigem Rühren hinzu. Die Temperatur sollte max. 68 °C betragen. Um das zu kontrollieren, muss man unbedingt ein Thermometer verwenden. Nun das abgekochte und auf ca. 68 °C erhitzte Wasser unter Rühren der Fettphase hinzugeben. Wenn die Creme Handwärme erreicht hat, werden die Zusatzstoffe hinzugefügt. Je mehr die Creme unter Rühren abkühlt, umso cremiger wird ihre Konsistenz.
Zur Konservierung kann man ca. zehn Tropfen Paraben K mit einrühren. Die Haltbarkeit beträgt dann ca. drei Monate.

[11] meinekosmetik.de

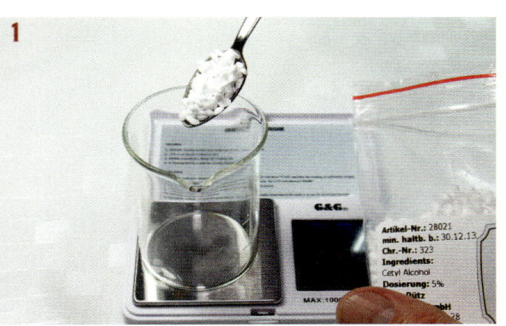

Abwiegen des Konsistenzgebers Cetylakohol (wird bei Gesichtscremes als Emulgator oder Verdickungsmittel angewendet)

Als erstes wird der Cetylalkohol zum Verflüssigen gebracht.

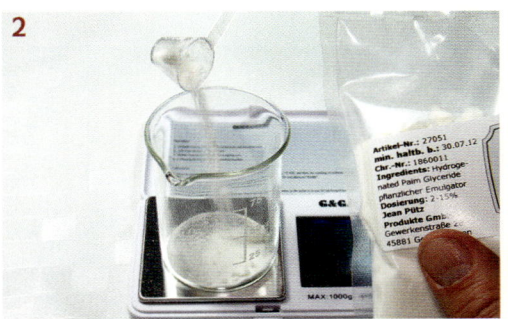

Tegomuls ist ein wichtiger Bestandteil der Handcreme, denn er ist der Emulgator, damit sich die Fettphase mit dem Wasser mischen kann.

Zugabe der weiteren Bestandteile der Fettphase

Bienenwachs gehört auch zur Fettphase der Creme und muss wie jeder Bestandteil akkurat gewogen werden.

Die Bestandteile werden so lange gerührt, bis sie flüssig sind. Unbedingt auf die maximale Temperatur von 68 °C achten.
Dazu wird ein Thermometer verwendet.

Die aus dem Wasserbad entfernten Bestandteile der Fettphase sind verflüssigt und
weisen eine Temperatur von etwas über
68 °C auf.

In eine Cremedose abgefüllte Handcreme

Jetzt wird das ebenfalls ca. 68 °C heiße
Wasser der Fettphase untergerührt.

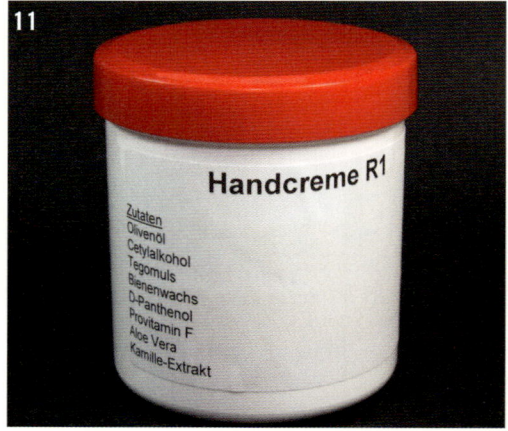

Eine etikettierte Dose mit Handcreme

Ist die Creme auf Handwärme abgekühlt,
werden die Zusatzstoffe unter intensivem
Rühren hinzugefügt.

Handcreme – Rezept 2

Zutaten für die Fettphase

40 ml Olivenöl
8 g Cetylalkohol
(zuerst auflösen)
15 g Confonder
(Emulgator)
5 g Bienenwachs
80 bis 100 ml
Wasser

Weitere Zutaten

5 ml D-Panthenol 75 %
2,5 ml Pro Vitamin F (ProVit ist Vitamin F in wasserlöslicher Form. Es enthält essentielle, ungesättigte Fettsäuren mit einem hohen Gehalt an Linolsäure. Eingesetzt wird ProVit F in Cremes zur Pflege trockener, rauer, spröder oder abschuppender Haut.)
10 Tropfen Alpha-Bisabolol (ist der fettlösliche Wirkstoff der Kamille)
2 Tropfen Rosenöl (für den Duft)
15 Tropfen Paraben zur Konservierung

Zubereitung

Die Zutaten aus der Fettphase werden bei 65–68 °C im Wasserbad verrührt. Dabei wird der Cetyl-alkohol zuerst aufgelöst. Das abgekochte heiße Wasser (80–120 ml) wird der Fettphase unter ständigem Rühren untergemischt.
Die restlichen Zutaten werden erst nach dem Abkühlen auf Handwärme hinzugefügt und bis zum Erkalten cremig gerührt.

Creme mit Kokos – Rezept 3

Fettphase

13 g Kokosöl
1 g Cetylalkohol
(zuerst auflösen)
3 g Tegomuls
3 g Lamecreme
4 g Sheabutter
70 g Wasser

Weitere Zutaten

1 Messlöffel D-Panthenol
5 Tropfen Alpha Bisabolol
½ Messlöffel Vitamin E Acetat

10 Tropfen Paraben zur Konservierung

Zubereitung

Beides, Fettphase und Wasser, werden separat auf 65–68 °C erwärmt und das Wasser wird anschließend unter Rühren zur Fettphase gegeben. Nachdem diese Mischung auf Handwärme abgekühlt ist, rührt man die restlichen Zusatzstoffe ein.

Diese nach Kokos duftende Creme eignet sich vorzüglich für fettige Haut. Sie zieht rasch ein und die Haut fühlt sich danach samtig an.

Ringelblumencreme für sensible Haut – Rezept 4

Fettphase	Weitere Zutaten
4 g Emulsan II	½ Messlöffel D-Panthenol
13 g Calendulaöl	8–20 Tropfen Kamillenextrakt oder
(Ringelblumenöl)	8 Tropfen Bisabolol
4 g Cetylalkohol	ggf. 1 Tropfen Lavendelöl
(zuerst im Öl	
auflösen)	10 Tropfen Paraben zur Konservierung
60 g Wasser	

Zubereitung

Beides, Fettphase und Wasser, werden separat auf 65–68 °C erwärmt und das Wasser wird anschließend unter Rühren zur Fettphase gegeben. Nachdem diese Mischung auf Handwärme abgekühlt ist, rührt man die restlichen Zusatzstoffe ein.

> Mit dieser Ringelblumencreme kann man viele Hautprobleme wirkungsvoll beheben.

Obwohl die Creme etwas fester ist, lässt sie sich gut einmassieren. Sie zieht schnell in die Haut ein. Durch die Zusammenstellung der Inhaltsstoffe eignet sie sich sehr gut für die Kleinkind- und auch Babyhaut. Auch erwachsene Menschen mit empfindlicher Haut profitieren von dieser Creme.

Duftcreme – Rezept 5

Um eine Creme attraktiver zu machen, kann man ihr bei der Anfertigung ein Duftöl hinzumischen. Hierbei ist es jedem freigestellt, welchen Duft er wählt oder welchen Lieblingsduft er bevorzugt. In dieser Rezeptur ist beispielsweise ein Erdbeerduftöl zur Anwendung gekommen.

Zutaten

1 Esslöffel Bienen-
wachs-Granulat
4 Esslöffel eines
naturreinen Öles,
z. B. Olivenöl
1 Tropfen Vanille-
Duftöl o. Ä.
15 Tropfen Erdbeer-
duftöl

Zubereitung

Das Bienenwachs und das Olivenöl werden im Wasserbad erwärmt, bis das Wachs geschmolzen ist. Das Ganze lässt man etwas abkühlen und fügt unter Rühren das Duftöl hinzu. Die geschmeidige Crememischung wird nun in Salbentiegel gefüllt und kühl gestellt.

Fettcreme – Rezept 6
Fettcreme mit Lanolin[12]

Der Verzicht auf Konservierungsstoffe, die pflegende Wirkung und die ausschließliche Verwendung von natürlichen Inhaltsstoffen zeichnen dieses Grundrezept einer Fettcreme aus. Die Creme wird für normale und trockene Haut empfohlen und ist darüber hinaus für Probleme, wie Schuppenflechte und Ekzeme, geeignet. Natürlich kann sie auch als Hand- und Fußcreme verwendet werden.

Zutaten
10 g Lanolin anhydrid
5 g Bienenwachs
5 g Kakaobutter
20 g Mandelöl
20 g Jojobaöl
3–10 Tropfen ätherisches Öl (z. B. Lavendelöl)
40 g abgekochtes Wasser

Zubereitung
Bienenwachs, Lanolin und Kakaobutter werden langsam in einem Becherglas oder ähnlichem Gefäß geschmolzen. Dann gibt man das Mandel- und das Jojobaöl hinzu und erwärmt das Ganze auf ca. 60 °C. Nun wird das ebenfalls auf die gleiche Temperatur erwärmte Wasser unter intensivem Rühren hinzugefügt. Wenn die Temperatur bis auf Handwärme gefallen ist, wird das ätherische Öl zugefügt und die Mischung gerührt bis sie erkaltet ist.

Da die Creme keine Konservierungsstoffe besitzt, kann sie nicht auf Vorrat hergestellt werden. Sie ist aber dennoch mindestens drei Monate ungekühlt und bis zu sechs Monate gekühlt haltbar.

Bienenwachs und die Kakaobutter abwiegen

Abwiegen des Jojobaöls

Abwiegen des Mandelöls

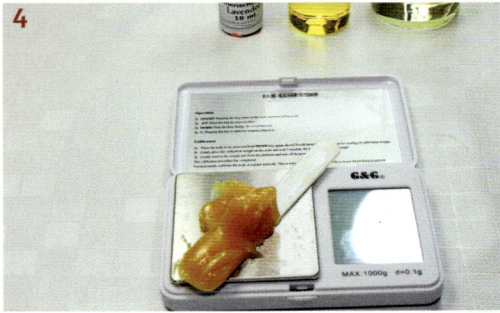
Abwiegen des benötigten Lanolins

[12] Stefanie Faber

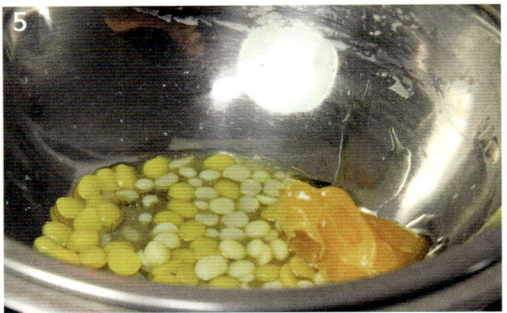

Zuerst werden das Bienenwachs, die Kakaobutter und das Lanolin im Wasserbad
geschmolzen.

Die Schmelzschale wird schließlich aus dem
Wasserbad genommen und der Inhalt so
lange gerührt, bis er auf etwa Handwärme
abgekühlt ist.

Zugabe des Jojoba- und des Mandelöls

Die Temperatur ist nun so weit gefallen, dass
einige Tropfen des ätherischen Lavendelöles
hinzugefügt werden können.

Die Kontrolle der Temperatur ist immer wieder erforderlich, damit sie möglichst nicht
über 60 °C ansteigt.

Die Fettcreme kann jetzt in Salbendosen
abgefüllt und kühl gelagert werden; sie hält
sich gekühlt bis zu 6 Monate.

Erkältungsbalsame

Balsame wirken lindernd bei unterschiedlichen Beschwerden. So unterschiedlich wie diese Beschwerden sind auch die Rezepturen für die Balsame.

Insbesondere im Winter, wenn häufiger Erkältungskrankheiten auftreten, wirken Einreibungen mit Balsamen manchmal wie ein Wunder.

Nachstehend folgt die Rezeptur einer solchen Zusammenstellung.

Für das nachstehende Rezept wurde japanisches Heilpflanzenöl als Ingredienz ausgewählt.

Dieses Öl lindert auch wirksam unterschiedliche Schmerzen im Rücken-, Schulter- oder Brustbereich bei Verspannungen usw.

Es ist auch sehr gut für die Behandlung von Kindern geeignet.

Rezept 1

Zutaten

50 ml Olivenöl oder ein anderes naturbelassenes, gutes Pflanzenöl
4 g Bienenwachs
einige Tropfen japanisches Heilpflanzenöl

Zubereitung

Das Olivenöl wird im Wasserbad erwärmt und das Bienenwachs hinzugefügt. Wenn das Wachs verflüssigt ist, wird das Gefäß von der Wärmequelle genommen und der Inhalt etwas abkühlt. Dann ist der Zeitpunkt gekommen, um das japanische Heilpflanzenöl unter Rühren einzumischen. Jetzt kann der noch warme Balsam in kleine Salbentiegel oder Dosen gefüllt und gekühlt aufbewahrt werden.

Rezept 2

Zutaten
10 g Bienenwachs
50 ml Olivenöl oder ein anderes kalt gepresstes Öl
10 g Kakaobutter
25–35 Tropfen Rosmarinöl
25 Tropfen Lavendelöl

Zubereitung
Die Ingredienzien der Fettphase werden langsam in einem Becherglas geschmolzen. Anschließend lässt man den Becherinhalt so weit abkühlen, dass die Mischung noch gut rührbar ist. Nun können die ätherischen Öle unbeschadet untergerührt werden. Ist die Fettphase noch zu warm, verdunsten die wertvollen Inhaltsstoffe der Öle.

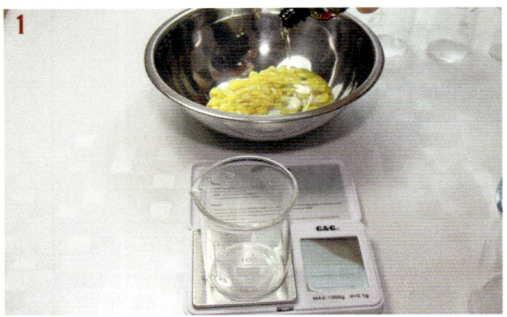

Bienenwachs und Olivenöl werden als erstes abgewogen und in die Schmelzschale gegeben.

Wenn die Zutaten der Fettphase bis auf Handwärme abgekühlt sind, werden die ätherischen Öle hinzugefügt.

Anschließend wird die Kakaobutter gewogen und dem Bienenwachs und dem Olivenöl hinzugefügt. Damit sind die Zutaten der Fettphase komplett.

Bevor der Balsam zu sehr erstarrt, wird er in die Salbendosen abgefüllt.

Die Zutaten sind verflüssigt. Jetzt kann die Schmelzschale von der Wärmequelle genommen werden.

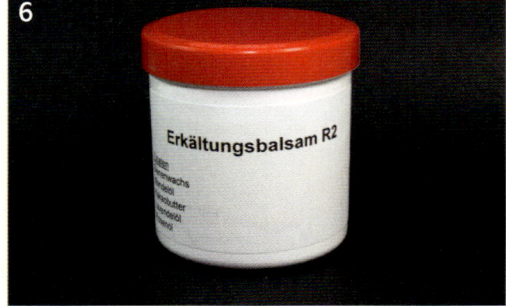

Es ist ratsam, auf dem Etikett zu deklarieren, was in der Salbendose steckt.

Kosmetik

Lippenstifte

Bei der Herstellung von Lippenstiften wird Rizinusöl verwendet, weil es nicht ranzig oder harzig wird und einen hübschen Glanz bewirkt. Zur Sicherung der erforderlichen Festigkeit ist Carnaubawachs erforderlich. Wegen seines recht hohen Schmelzpunktes von über 80 °C gibt es auch Sicherheit bei hohen Temperaturen im Sommer.

> Es ist wie Bienenwachs auch ein Naturprodukt und damit ungiftig und hautfreundlich.

Für die Eigenherstellung von Lippenstiften benötigt man Lippenstiftgießformen und Lippenstifthülsen mit Drehmechanik. Preiswertere Hülsen gibt es für Lippenpflegestifte. Diese kann man direkt füllen.

Bei der Verwendung von Pigmenten muss man vorsichtig sein. Grundsätzlich unterscheidet man zwischen Perlglanz- und den normalen Pigmenten. Letztgenannte sollte man vor dem Einrühren in das Öl und das Wachs in einem Mörser fein zerreiben. Nur so hat man die Gewähr, dass sich die Farbe gleichmäßig im Lippenstift verteilt. Perlglanzpigmente sollte man hingegen keinesfalls zerreiben, sondern direkt der Fettphase zuführen.

Damit die Lippen gut zur Geltung kommen, sollten Sie ein dunkles oder knalliges Rot wählen, weil das auffälliger ist. Wer es nicht so auffällig mag, wählt eine dezentere Farbe.

> Auf jeden Fall sollte die Farbe des Lippenstiftes nicht konträr zur Hautfarbe sein, sie muss einfach passen. Ich denke, dass Ihnen jede Kosmetikerin sagen kann, welche Lippenstiftfarbe am besten zu Ihrem Teint passt.

Bevor Sie beginnen, den Lippenstift aufzutragen, ist es ratsam, die Lippen mit einem Tuch oder einer weichen Bürste, z. B. einer Zahnbürste, von abstehenden Hautteilen, die meist schon abgestorben sind, zu befreien.

Danach trägt man dünn einen Lippenpflegestift auf und lässt ihn für ca. 30 Minuten einwirken. Danach kann der Lippenstift aufgetragen werden.

Besonders auffällig ist es, wenn mit einem Lippenkonturenstift der äußere Rand der Lippen besonders hervorgehoben wird. Die Farbe eines solchen Konturenstiftes kann sowohl heller als auch dunkler als der Lippenstift selbst sein, ganz nach eigenem Geschmack.[13]

Da eine Lippenstifthülse nur 5 bis 7 ml Inhalt besitzt und das Wiegen einer solch kleinen Menge nur mit einer sehr empfindlichen Feinwaage möglich ist, ist es sinnvoll, eine größere Menge der Mischung herzustellen, die letztendlich in mehrere Hülsen gefüllt oder im Kühlschrank aufbewahrt wird, bis man wieder nachfüllen muss.

[13] Jasmin Wiegboldt

Lippenstift mit Seidenglanz – Rezept 1

Zutaten der Fett-phase (für ca. fünf Stifte)

20 g **Rizinusöl**
4 g **Kakaobutter**
4 g **Lanolin**
4 g **Bienenwachs (weiß)**
2 g **Carnaubawachs**

Zubereitung der Fettphase

Rizinusöl, Lanolin, Bienenwachs und Carnaubawachs werden in einem Laborbecher im Wasserbad geschmolzen. Ist alles geschmolzen, wird der Becher aus dem Bad genommen und die Kakaobutter hinzugegeben. Die Restwärme reicht aus, um sie zu schmelzen. Die entstandene Masse wird schließlich im Kühlschrank aufbewahrt.

Herstellung des Lippenstiftes

Zutaten

5 g **der hergestell-ten Fettmasse**
2 g **Perlglanz-pigmente**
2 Tropfen **Vitamin E**

Herstellung

Die Fettmasse im Becherglas schmelzen, das Vitamin E und die Pigmente hinzufügen und alles gut vermischen. Dann in die ausgefettete Lippen-stiftform füllen.

Lippenstift mit Perlglanz – Rezept 2

Zutaten der Fettphase

60 g **Rizinusöl**
8 g **weißes Bienen-wachs**
5 g **helles Carnauba-wachs**
1 Messlöffel **Lecithin 63 %**
Bei 85 °C alles zusammenschmelzen und in einem Schraub-glas oder einer Dose aufbewahren.

Herstellung

Die Fettmasse wird eingeschmolzen und das Perlglanzpigment wird unter-gerührt. Dann lässt man die Mischung etwas abkühlen, verrührt die Masse noch einmal und füllt alles in eine Lippenstift-Gießform ab. Damit sich der Lippenstift leichter aus der Form nehmen lässt, sollte man diese zuvor mit etwas Öl einreiben. Nach ca. zwei Stunden Kühlschrankaufenthalt kann die Form geöffnet und der Stift mit Vorsicht von der Gießöffnung her herausgeschoben werden. Zuletzt wird der Stift in die Lippenstifthülse eingesetzt.

> Wichtig ist, dass die Masse beim Gießen nicht zu heiß ist, weil ansonsten bei der Abkühlung an der Gießöffnung die bekannten Krater entstehen.

Zutaten

5 g **Fettmasse**
1 Messlöffel **Perl-glanzpigment (2,5 ml)**

Ist man mit einem Guss nicht zufrieden, so kann man den Stift ohne Wei-teres erneut einschmelzen und neu gießen.

Die Zutaten werden für die Rezeptur gewogen und gemessen. Hier ist das Rizinusöl.

Die Komponenten der Fettphase werden in einem Becherglas zusammengeführt.

Wiegen des Bienenwachsanteiles der Rezeptur

Anschließend wird das Laborglas mit den Zutaten der Fettphase zum Schmelzen ins Wasserbad gestellt.

Der Stabilisator des Lippenstiftes, das Carnaubawachs, wird abgewogen.

Die Fettmasse ist nun homogen und die Perlglanzpigmente werden untergerührt.

7

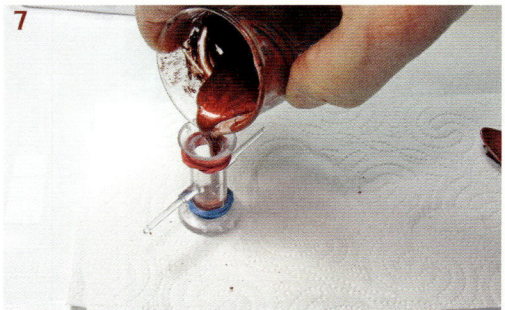

Die vorbereitete Lippenstiftgießform kann nun mit der etwas abgekühlten Masse befüllt werden.

10

Die verbleibende Menge kommt in den Kühlschrank, sie wird bei Bedarf wieder verflüssigt und zu neuen Lippenstiften gegossen.

8

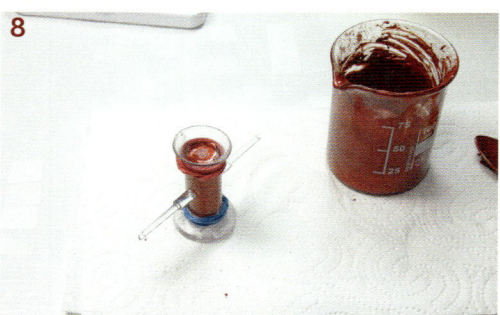

Damit sich der Stift später besser entnehmen lässt, kommt die Form für ca. zwei Stunden in den Kühlschrank.

9

Der Lippenstift wird nun aus der Form entnommen und in die Lippenstifthülse gesteckt.

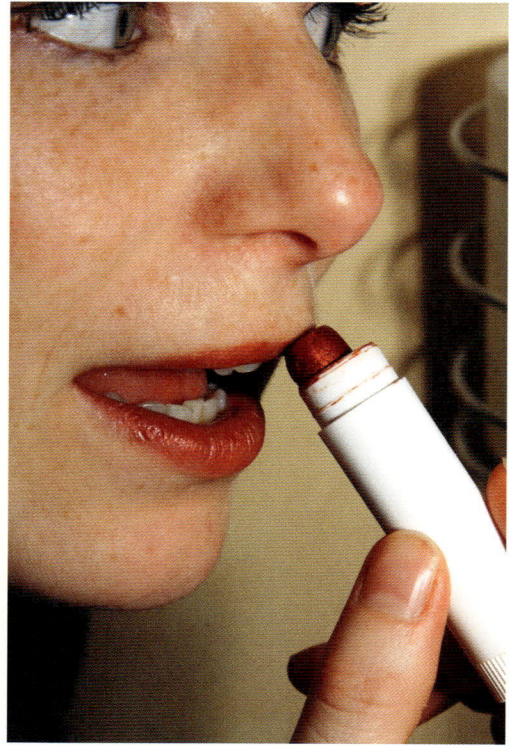

Ein selbst gefertigter Lippenstift entspricht oft eher den eigenen Vorstellungen, weil er in Duft und Farbe nach eigenen Ideen entstanden ist.

Lippenstift mit normalen Pigmenten – Rezept 3

Zutaten der Fettphase

45 g Rizinusöl
8 g weißes Bienen-
wachs
5 g helles Carnauba-
wachs
evtl. 1 Messlöffel
(3 g) Lecithin 63 %

Zutaten
5 g Fettmasse
½ Messlöffel
Pigment
evtl. Lebensmittel-
aroma

Herstellung

Zuerst das Pigment im Mörser anreiben, dann die Fettphase vorsichtig zum Schmelzen bringen. 1/5 der Masse wird dem Pigment hinzugefügt und zu einer glatten Masse verrührt. Die entstandene Mischung aus dem Mörser der restlichen Fettphase zufügen, zum Schmelzen bringen und dann in die Gießform gießen.

Lippenstift mit normalen Pigmenten und Sheabutter – Rezept 4

Zutaten der Fettphase

40 g Rizinusöl
8 g weißes Bienen-
wachs
5 g helles Carnauba-
wachs
5 g Sheabutter
evtl. 1 Messlöffel
Lecithin 63 %

Zutaten
5 g Fettmasse
½ Messlöffel Pig-
ment
1 Tropfen Alpha
Bisabolol
evtl. Lebensmittel-
aroma

Herstellung

Zuerst das Pigment im Mörser anreiben, dann die Fettphase vorsichtig zum Schmelzen bringen. 1/5 der Masse wird dem Pigment hinzugefügt und zu einer glatten Masse verrührt. Die entstandene Mischung aus dem Mörser der restlichen Fettphase zufügen, zum Schmelzen bringen und dann in die Gießform gießen.

Lippenpflegestifte

Besonders im Herbst und im Winter, wenn raues Wetter herrscht, oder bei extremer Sonneneinstrahlung im Sommer werden die Lippen häufig trocken, dann spröde und schließlich gibt es nicht selten kleine Risse. Die im Handel erhältlichen Fettstifte basieren überwiegend auf synthetischen Wachsen. In den nachstehenden Rezepten finden sich nur natürliche Zutaten, die von der Haut gut aufgenommen werden und pflegend wirken.

Balsamstift für trockene Lippen – Rezept 1

Zutaten
10 g Mandelöl
10 g Jojobaöl
10 g Bienenwachs
10 g Sheabutter
oder Kakaobutter
2 Tropfen
Lavendelöl

Zubereitung
Die Öle und das Bienenwachs werden im Wasserbad gänzlich geschmolzen und anschließend wird die Sheabutter hinzugefügt. Die flüssige Mischung wird am besten mittels einer vorgewärmten Plastikspritze in die Lippenstifthülsen gefüllt.

Lippenpflegestift – Rezept 2

Zutaten
7 g Jojobaöl
3 g Bienenwachs
1 g Sheabutter
ggf. 4 Tropfen Vitamin-E-Acetat

Zubereitung
Alle Zutaten werden im Wasserbad geschmolzen. Zuletzt wird das Vitamin-E-Acetat zugefügt und so lange gerührt, bis die Masse eine zähflüssige Konsistenz aufweist. Dann sofort in Lippenstifthülsen abfüllen.

Lippenpflegestift[14] – Rezept 3

Zutaten der Fettphase
15 g Jojobaöl
6 g Bienenwachs
2 g Sheabutter
4 Tropfen Bisabolol
2 Tropfen Vitamin-E-Acetat

Die Fettphase zusammenschmelzen.

Inhaltsstoffe zum Füllen eines Pflegestiftes
5 g Fettmasse
2 Tropfen D-Panthenol
evtl. 1–2 Tropfen Lebensmittelaroma

Zubereitung
Die Fettmasse schmelzen, dann von der Wärmequelle nehmen und Panthenol sowie Aroma hinzumischen. Anschließend in die Lippenstifthülse gießen.

[14] diverse Hobbythekbücher

Lippenpflegestift – Propolis-Balsamstift – Rezept 4

Inhaltsstoffe
2 g **Rohpropolis**
4 g **Ethylalkohol**
(96 %)
10 g **Mandel-, Erd-**
nuss- oder ein ande-
res Pflanzenöl
2 g **Bienenwachs**
1 Msp. **Honig**
2 Tropfen **ÄÖ Salbei**

Zubereitung
Die Rohpropolis lässt man für eine Woche im Alkohol liegen, damit sie sich löst. Anschließend zusammen mit dem Pflanzenöl auf 80–90 °C erhitzen. Dabei verdampft der Alkohol. Das Becherglas stehen lassen, bis sich die festen Bestandteile am Boden abgesetzt haben. Anschließend gießt man das Öl, solange es noch flüssig ist, in ein anderes Becherglas und schmilzt es mit dem Honig und dem Wachs. Jetzt kann es von der Heizquelle genommen werden. Das ätherische Salbeiöl wird untergerührt und die Mischung in eine große und zwei kleine Hülsen abgefüllt.

Neben den Bienenwachsplättchen werden auch Sheabutter, Lavendel oder als Variante Melisse (ätherische Öle) in den Lippenpflegestift gegeben. (Foto: Mag. Sabine Hönig, meta-sense e. U.)

Bienenwachs und Gesundheit

Kauwachs und Wabenhonig

Die Waben des Bienenvolkes dienen als Speicherraum und der Baustoff dafür ist das Wachs, das die Bienen in ihren körpereigenen Wachsdrüsen produzieren. Beeindruckend ist, dass jede der errichteten sechseckigen Zellen exakt das gleiche Maß besitzt. Unterschiede ergeben sich nur im Brutbereich, wo während der Vermehrungszeit auch Zellen für Drohnen und Königinnen errichtet werden, die größer sind oder ganz anders aus-schauen, wie es bei den Königinnen der Fall ist.

Honig ist ein Produkt der Bienen, das sie aus dem eingetragenen Nek-tar erstellen. Dieser Nektar hat einen sehr hohen Wassergehalt und er würde verderben, wenn die Bienen nicht einschreiten würden. Den Nek-tar benötigen die Bienen, um daraus Honig herzustellen, um den viele Monate währenden Winter zu überstehen. Deshalb durchläuft der Nek-tar einen komplizierten und sehr aufwändigen Reifeprozess, gesteuert und realisiert von den Bienen, die den Wassergehalt je nach beflogener Pflanzenart von einst ca. 66 % bis auf ca. 14–20 % herabsetzen. Sie setzen dabei körpereigene Fermente hinzu, die eine große Bedeutung für die gesundheitsfördernden Eigenschaften des Honigs haben.

Hat der Honig in den Waben diesen Status erreicht, verschließen die Bienen die Wabenzellen mit einem hermetisch dicht schlie-ßenden, feinen Wachsdeckel. Der Zellinhalt ist von nun an geschützt und kann keine Feuchtigkeit mehr anziehen.

Für den Imker ist das ein Zeichen dafür, dass der Honig reif ist und geern-tet werden kann. Dazu müssen die feinen Deckelchen von den Zellen abgehoben oder abgeschnitten werden. Die Imker benutzen dazu spezielle Entdeckungsmesser oder Entdeckungsgabeln. Die Prozedur wurde bereits geschildert. Das dabei gewonnene Wachs nennt man Entdeckungswachs, und da es durch intensives Kauen auch für die Gesundheit gut ist, nennt man es schon sehr lange Kauwachs.

Eine vollkommen verdeckelte Honigwabe, die unbebrütet sein muss, kann nun entdeckelt und durch Zentrifugieren in der Schleuder des Imkers geleert werden.

Entdeckung der Honigwabe mit einem elektrisch beheizten Entdeckungsmesser. Mit diesem Werkzeug kann man schneller arbeiten.

Jedes der feinen Wachsdeckelchen verschließt eine Honigzelle.

Auf diesem Foto wird zum Entfernen der Wachsdeckelchen eine Entdeckungsgabel verwendet, mit der die Deckel abgehoben werden.

Auf manchen entdeckelten Waben findet man noch in einigen Zellen Bienenbrot – das ist von den Bienen bereits umgearbeiteter und konservierter Blütenpollen, der ebenfalls viele wertvolle Eigenschaften besitzt.

An den mit der Entdecklungsgabel abgehobenen Wachsdeckelchen befinden sich noch Honig und Pollen. Mithilfe eines Einmachtrichters wird das Entdecklungswachs in das Glas gefüllt. Der Einmachtrichter verhindert ein Bekleckern und Beschmieren des Glasrandes.

Abstreifen des Entdecklungswachses vom Entdecklungsmesser über dem Einwecktrichter.

Nachdem die Gläser mit Deckelwachs gefüllt wurden, werden sie mit flüssigem Honig der zuvor entdeckelten und geschleuderten Waben aufgefüllt.

Mit Deckelwachs und Honig gefüllte Gläser. Sie müssen nun nur noch etikettiert werden.

Noch nicht etikettierte Gläser mit Deckelwachs und Honig. Von nun an kann man wohl besser von Kauwachs sprechen.

Zum Kauen eignet sich besonders das Entdeckelungswachs der Honigwaben. Diese sollten auf jeden Fall unbebrütet sein. Das ist nicht nur wegen der Optik, sondern auch wegen der Hygiene sehr wichtig.

Auf den Zellen liegt eine hauchdünne Schicht aus Propolis und das Wachs selbst besitzt viel Vitamin A, von dem man weiß, dass es gut für die Augen usw. ist. Grundsätzlich unterstützt das Auskauen von Deckelwachs oder Wabenhonig den Organismus dabei, mit Beschwerden und Krankheiten, gegen die auch Honig hilfreich ist, wie z. B. Erkältungsbeschwerden, Bronchitis oder auch Asthma, fertig zu werden. Vielen Menschen mit Entzündungen im Mund, Rachen oder den Nebenhöhlen hat das Kauen schon geholfen. Pollenallergiker hilft der am Wachs haftende Pollen bei der Desensibilisierung. Es ist allerdings wichtig, Kauwachs aus der Region zu beschaffen, in der man selbst lebt.

Deshalb sollte man Kauwachs beim nächsten Imker kaufen. Wichtig ist auch, dass der Imker seine Völker biologisch führt, damit im Wachs keine Rückstände vorhanden sind!

Scheibenhonig ernten die Heideimker im Norden Deutschlands. Heidehonig hat die Eigenschaft, dass er auch aus angeschnittenen Zellen nicht herausläuft. Grund dafür ist seine besondere Konsistenz. Das macht es den Imkern auch leichter, die Wabenstücke zu schneiden und in Folie verpackt zu vermarkten.

Analog verhält es sich mit dem **Wabenhonig** und dem **Scheibenhonig.** Letzterer wird von den Heideimkern geerntet. Die Gewinnung solchen Honigs geschieht planmäßig durch den Imker.

Dazu wird mithilfe spezieller Verfahren und mit unterschiedlichem vom Handel angebotenem technischen Zubehör Honig produziert, der am Ende naturbelassen in der Wabe zum Verkauf angeboten wird.

Diese Arbeitsweise ist besonders in weniger guten Trachtjahren sehr arbeitsintensiv und aufwändig. Entsprechend hoch ist auch der Preis für diesen Honig.

Das Auge kauft mit, das wissen auch die Heideimker und so wird viel Sorgfalt in die Dekoration und Verpackung gelegt. Zu sehen sind hier Scheibenhonig und zwei Heidschnucken, die typischen Heideschafe, die auch das Heidekraut kurz halten, damit es wieder stark blühen kann.

Gezielte Wabenhoniggewinnung mit dem kanadischen Bee-O-Pac-System. Die Bienen haben begonnen, die Wabenzellen zu bauen und Nektar einzulagern.

Mit Naturwabenbau gefüllte Honigwaben, die nun ausgeschnitten und verpackt werden können.

Ausstanzen der Wabenhonigstücke auf einem Edelstahlgitter, wo der Honig aus den angeschnittenen Zellen abtropfen kann, ehe die Wabenstücke verpackt werden.

Wabenhonigstücke auf einem Abtropfgitter

Vorsichtsmaßnahmen

Die o. g. Bienenprodukte sollte man nur dann einnehmen, wenn keine Allergien bekannt sind. Um jedes Risiko auszuschließen, beginnt man mit kleinen Mengen.

Honigkauf ist Vertrauenssache, das ist besonders wichtig beim Erwerb von Waben- oder Kauhonig. Am besten kauft man ihn bei einem Imker, den man kennt.

Anwendung

Für beide Varianten gilt folgende empfohlene Anwendung: Vom Waben-, Scheibenhonig oder Kauwachs nimmt man dreimal täglich einen Teelöffel zu sich und kaut ihn ca. 15 Minuten lang. Anschließend spuckt man die unverdaulichen Wachsteile aus. Bei Entzündungen im Magen-Darm-Bereich wird auch empfohlen, das Wachs, nachdem es ausgekaut ist, in Abständen in kleinen Mengen zu schlucken.[15]

Ohrkerzen

Ohrkerzen sind seit Jahrhunderten als Natur-heilmittel bekannt, insbesondere für die Behandlung von Kindern. Naturvölker, vor allem in Mittel- und Südamerika sowie in Asien, lindern damit beispielsweise Beschwerden im Kopf.

Die Firma BIOSUN ist Hersteller und Verkäufer von Ohrkerzen. Dort wird die Wirkungsweise wie folgt beschrieben:

- rein physikalische Wirkung
- sanfte Trommelfellmassage
- Harmonisierung des Energiefeldes (Aura)
- sinnliche Tiefenentspannung

Die Wellness-Ohrkerzen werden in Deutschland aus 100 %ig reinem Bienenwachs, wertvollem Leinen und Silk-Vlies-Filter-Element hergestellt und sind etwa 20–23 cm lang. Die Ohrkerze befindet sich seit nunmehr zehn Jahren auf dem Markt und wird in über 5.000 Naturheilpraxen und im Wellness-Bereich angewendet.

Bei akuten Problemen oder Schmerzen im Kopfbereich ist jedoch unbedingt der Rat des Arztes einzuholen. Ich warne ebenfalls vor der Eigenbehandlung. Dafür ist der Arzt und die staatlich zugelassenen Heilpraktiker, die sich mit dieser Therapie auskennen, die Ansprechpartner.

Anwendung von Ohrkerzen

Bei der Anwendung von Ohrkerzen liegt der oder die zu Behandelnde immer bequem auf der Seite. Der Heilpraktiker setzt die Ohrkerze von außen auf den Gehörgang auf und zündet sie an.

Wichtig ist, dass die Ohrkerzenanwendung immer nur im Beisein einer zweiten Person durchgeführt wird.

Wenn die Ohrkerze bis zur Markierung abgebrannt ist, gewöhnlich ist das ca. 1/3 der Länge, wird sie wieder abgenommen und in ein Glas Wasser getaucht.

Nun wird das Ohr gereinigt und der gleiche Vorgang mit dem nächsten Ohr durchgeführt. Es werden grundsätzlich immer beide Ohren behandelt, was für die körperliche Harmonie und das Gleichgewicht sehr wichtig sein soll. Die Ohrkerzenanwendung dauert zirka 20 Minuten pro Ohr, danach sollte man sich noch kurz Zeit für eine Erholung nehmen.

Eine wunderbare Entspannung breitet sich im gesamten Körper aus, man kann die Seele baumeln und den Körper zur Ruhe kommen lassen.

*Eine Reihe Ohrkerzen
(Foto: unbekannt)*

**Ohrkerzen werden bei folgenden
Beschwerden eingesetzt:**

■ Sinusitis
■ Tinnitus
■ Migräne/Kopfschmerzen
■ verstopfte Nase
■ Schnupfen
■ Ohrenschmerzen
■ Ohrensausen
■ Ohrgeräusche
■ Druckausgleich nach Flugreisen
■ Hyperaktivität
■ Stress
■ Nervosität
■ Schlaflosigkeit
■ innere Unruhe
■ zur Lösung von Blockaden
■ zur Anregung des Lymphflusses
■ zur Entspannung

Ohrkerzen sollten nicht bei Ohrentzündungen oder Trommelfellverletzungen u. Ä. angewendet werden. Bei Unklarheiten wenden Sie sich an Ihren Arzt oder Heilpraktiker.

Ohrkerzen werden von der Schulmedizin grundsätzlich abgelehnt, weil es keine eindeutigen Belege für deren Wirksamkeit gibt und die Therapie für gefährlich gehalten wird.

Technische Verwendung der Wachse

Wachse sind heute aufgrund ihrer vielfältigen Einsatzmöglichkeiten aus den verschiedenen Industriezweigen nicht mehr wegzudenken. Es gibt kaum einen Wirtschaftsbereich, der nicht direkt oder indirekt mit Wachsen in Berührung kommt. Insbesondere in der Pharmazie, der Lebens- und Genussmittelindustrie und in der Kosmetikbranche geht nichts mehr ohne Wachse. Wachse sind auch in vielen Holz- und Lederpflegemitteln anzutreffen.

Nachfolgend sollen einige Rezepte helfen, Holz und Leder biologisch zu pflegen. Sie sind leicht nachzuvollziehen und man ist immer wieder positiv überrascht, wenn man das Ergebnis sieht.

Lederpflegemittel mit Bienenwachs

Schuhpflege

Holzschutz

Möbelpolituren

Holzfüller- und -ausbesserer

Baumwachs

Autowachs herstellen

Konservierung von Boden-funden

Lederpflegemittel mit Bienenwachs

Leder als Naturprodukt bedarf einer regelmäßigen Pflege. Wer diese Pflege vernachlässigt, verliert bald die Freude an seinen Lederteilen, denn sie verschleißen sehr schnell und werden schließlich unbrauchbar. Insbesondere Schuhe, die tagtäglich den unterschiedlichsten Temperaturen, Beanspruchungen bei Nässe, bei Trockenheit und anderen Belastungen ausgesetzt sind, bilden schließlich Risse. Zu trockenes Leder verliert seine Reißfestigkeit und Elastizität.

Pflege von Sattel und Zaumzeug

Die Pflege des Sattelzeugs ist eine wichtige, wenn auch manchmal unbeliebte Aufgabe. Sie ist für die Erhaltung der Elastizität und Reißfestigkeit des Leders jedoch unerlässlich. Leder soll schließlich nicht nur hübsch aussehen, sondern auch Sicherheit beim Reiten oder Fahren bieten.

Zur Pflege gehört auch die Aufbewahrung des Sattelzeugs. Eine trockene und etwas kühlere Lagerung ist erstrebenswert. Die idealen Temperaturen für Lederzeug liegen um 15 °C bei einer Luftfeuchtigkeit zwischen 50 und 70 %. Vor der ordnungsgemäßen Lagerung des Sattelzeugs steht die Reinigung, die in regelmäßigen Abständen durchgeführt werden sollte. Nachdem das Sattelzeug gereinigt und getrocknet ist, bekommt es seine erforderliche Lederpflege.

Nachstehend finden Sie ein Rezept für ein **Sattelzeugpflegemittel.**

Zutaten
100 ml Rapsöl
25–30 g Bienenwachs

Zubereitung
Das Rapsöl wird in einem Topf leicht erwärmt, dann wird das Bienenwachs hinzugefügt und durch Rühren im Öl völlig aufgelöst. Anschließend in eine Dose füllen und abkühlen lassen.

Dieses Öl-Wachs-Gemisch trägt man mit einem weichem Tuch auf das Leder auf und poliert bei Bedarf nach. Dieses Pflegemittel besitzt nur natürliche Inhaltsstoffe, die weder der Umwelt noch dem Pferd schaden.

Beide erforderlichen Zutaten: Bio-Rapsöl und Bienenwachs

Beides wird erhitzt und so lange gerührt, bis das Wachs eingeschmolzen ist.

Beide Zutaten werden zum Verflüssigen in eine im Wasserbad stehende Schüssel gegeben.

Abfüllen der Mischung in eine große Salbendose

Das Sattelzeugpflegemittel nach dem Erkalten

Steffi bei der Pflege des Sattels für ihr Pferd

Schuhpflege

Natürliche Wachse, insbesondere Hartwachse, eignen sich besonders für die Schuhpflege. Carnaubawachs ist dafür der absolute Favorit, es ist aber auch das teuerste Wachs. Die hauchdünne Wachsschicht auf den Schuhen schützt das Leder und verleiht ihm einen lang anhaltenden Glanz. Schuhe aus Leder sind ganz besonderen Beanspruchungen durch unterschiedliche Witterung und Nutzung ausgesetzt. Ohne regelmäßige Pflege kommt es leicht zu Rissen, Abrieberscheinungen und Flecken. Insbesondere Risse, ein Zeichen von mangelnder Elastizität, sind ein eindeutiges Indiz für zu trockenes Leder.

Bienenwachs eignet sich hervorragend für die Lederschuh-Pflege.

Wer die Pflege unterlässt, muss damit leben, dass das Leder spröde und rissig wird. Fällt der Wassergehalt des Leders unter 14–18 % ist auch die Reißfestigkeit und Elastizität des Leders herabgesetzt.

Bienenwachs-Schuhcreme

Zutaten
10 g Bienenwachs
10 volle Teelöffel
Lanolin
60 ml Sojaöl
Die Menge der
Ingredienzien kann
je nach Bedarf ver-
hältnismäßig verän-
dert werden.

Zubereitung
Die Zutaten werden in einer Schüssel oder einem Topf, der im Wasserbad steht, geschmolzen. Das Gefäß mit der Mischung wird vom Herd genommen und der Inhalt intensiv verrührt, bis er eine cremige Konsistenz angenommen hat. Man füllt die Masse anschließend in kleine Dosen oder Salbentiegel ab, wo sie auch erkaltet.

Verwendung
Sobald die Creme abgekühlt ist, kann sie verwendet werden. Auf die gereinigten Schuhe wird die Creme dünn mit einem weichen Lappen aufgetragen. Wer auch die Nähte und Verbindungsstellen mit der Creme schützen und pflegen will, verwendet einen Haartrockner. Dadurch dringt die erwärmte Creme in jede Pore des Leders ein. Danach poliert man die Schuhe mit einem Lappen oder einer Bürste.

Die Zutaten für die Schuhcreme sind abgewogen worden. Wenn man mehr Schuhcreme herstellen will, kann man die Mengen auch proportional vergrößern. Wer eine etwas weichere Schuhcreme wünscht, nimmt etwas mehr Sojaöl oder umgekehrt.

Abfüllen des noch flüssigen Schuhpflegemittels in Dosen

Die Zutaten werden nun im Wasserbad unter ständigem Rühren verflüssigt.

Die Schuhcreme nach dem Erkalten in der Dose

Mit einem weichen Lappen lässt sich die Schuhcreme am besten auf dem Leder verteilen. Der Glanz ist dabei sofort da.

Das Leder sollte nur alle ein bis zwei Wochen damit behandelt werden, damit es nicht übersättigt wird.

Holzschutz

Bienenwachs in verflüssigter Form für den Holzschutz zu verwenden, hat sich als unzweckmäßig erwiesen, da auch der Untergrund, sprich das Möbelstück, erwärmt werden muss, damit das Wachs in das Holz eindringen kann. Man suchte deshalb nach neuen, unbedenklichen Lösungsmitteln.

Solche geeigneten Mittel sind natürliche Öle wie Terpentinöl, Leinöle und Leinölfirnis sowie Holzöle. Wachsanstriche mit Terpentinöl dringen schneller ins Holz ein. Man mischt in der Regel in einem Verhältnis von 1 : 0,5 bis höchstens 1 : 1 (Wachs : Öl).

Manchmal ist es notwendig, den Wachsanstrichstoff etwas härter zu machen. In diesem Fall gibt man gerne Carnaubawachs hinzu, das ebenfalls natürlicher Herkunft ist. Die Mischung Terpentinöl : Bienenwachs : Carnaubawachs sollte dann im Verhältnis 1 : 1 : 1 stehen. Mit solchen Anstrichen versiegelte Flächen sind recht widerstandsfähig gegen Abrieb.

Das Mischen muss in flüssigem Zustand erfolgen. Dazu wird das Bienenwachs zuerst im Wasserbad verflüssigt. Das Zumischen von Terpentinöl muss vorsichtig geschehen, weil es leicht entflammbar ist. Das Auftragen des Holzschutz-

mittels wird im warmen Zustand vorgenommen, weil es sich so besser verstreichen lässt und auch besser ins Holz eindringt. Bei weniger beanspruchten Flächen, wo zudem auch noch ein gewisser Glanz erwünscht ist, kann man das Holz – insbesondere neues, unbehandeltes Holz – mit Leinölfirnis vorstreichen und anschließend mit der Wachsmischung versehen. Neben der gesundheitlichen Unbedenklichkeit, die Bienenwachs in Anstrichstoffen hat, sind es noch andere Vorteile, die erwähnenswert sind. Bienenwachsbehandlungen verursachen zwar eine Versiegelung der Holzporen, gestatten es dem Holz aber dennoch zu atmen. Das Eindringen von Feuchtigkeit ist hingegen kaum möglich. In dieser Form behandeltes Holz bewirkt eine gesunde Raumluft mit optimaler Luftfeuchtigkeit. Es kann bedenkenlos im Bad und in der Küche verwendet werden und wirkt antistatisch, sodass sich kaum Staub und Schmutz ablagern.

Bienenwachs lässt die natürlichen Holzstrukturen deutlich hervortreten, außerdem verstärkt es die holzeigene Färbung und erhält den holzeigenen Geruch.

In letzter Zeit geht der Trend eindeutig zu biologischen und unbedenklichen Produkten, was sich auch auf den Markt ausgewirkt hat, der nun vermehrt baubiologische Holzschutz- und Holzbehandlungsmittel anbietet. Obwohl diese Produkte meist teurer als andere, synthetisch hergestellte Holzschutzmittel sind, kommen sie letzten Endes doch billiger, denn sie erfordern meist nur einen einzigen Anstrich gegenüber zwei bis drei Anstrichen bei herkömmlichen Mitteln. Berücksichtigt man außerdem die gesundheitlichen Risiken und die möglichen Spätfolgen, die durch die Verwendung von synthetischen Mitteln hervorgerufen werden können, so spricht eindeutig alles für biologische Holzschutzmittel mit Bienenwachs und anderen Naturwachsen.

Holzschutz im Außenbereich

Abhängig von der Beanspruchung und der örtlichen Verbauungslage, ist es erforderlich, das Holz gegen Witterungs- und Umwelteinflüsse zu schützen. Zu den biologischen Holzschutzmitteln gehört das Bienenwachs, das Bestandteil von Bienenwachsbalsamen, Bohnerwachs usw. ist. Verwendet man synthetische Farben und Lacke, werden die natürlichen Eigenschaften des Holzes teilweise oder gänzlich aufgehoben. Der bewusste Bauherr oder Hausbesitzer ist inzwischen bemüht, Anstrichstoffe mit natürlichen Inhaltsstoffen zu verwenden, um die Offenporigkeit und auch die natürliche Schönheit des Holzes zu erhalten.

Der Begriff „biologische Holzschutzmittel" selbst ist ein nicht festgelegter Begriff für Präparate zum Schutz des Holzes, die durch Lebensvorgänge (griechisch „bios" = „Leben") entstanden sind oder von denen angenommen wird, dass sie das Wohlbefinden des Menschen nicht beeinträchtigen. Hölzer, die im Innenbereich verwendet werden, benötigen in der Regel keinen so aufwändigen Holzschutz wie solche, die der direkten Witterung ausgesetzt sind. Hier kommen daher ökologisch unbedenkliche Holzschutzmittel, wie z. B. der Bienenwachsbalsam, zur Anwendung.

Bienenwachsbalsam kann man nicht nur fertig gemischt kaufen, sondern mit einfachen Zutaten auch selbst herstellen.

Reines Bienenwachs wird dazu im Wasserbad geschmolzen und mit der gleichen Menge Balsamterpentinöl oder Citrusschalenöl vermischt. Durch die gezielte Verringerung des Lösemittelanteils wird das so erzeugte Wachs härter. Erhöht man dagegen den Lösemittelanteil, wird das Wachs entsprechend flüssiger und kann dadurch mit einem Pinsel auf die Holzoberfläche aufgetragen werden. Gibt man der Mischung einen Anteil von ca. 20 % Leinölfirnis hinzu, erhöht man die Belastbarkeit der damit gewachsten Holzoberfläche. Diese Ausgangsstoffe erhält man in gut sortierten Drogerien und Baumärkten oder im Internetversandhandel.

Bienenwachsbalsam

Zutaten
250 g Bienenwachs
**250 ml Balsam-
terpentinöl**

Zubereitung
Die Anteile können variabel, ganz nach beabsichtigter Viskosität, gemischt werden. Verringert man den Lösemittelanteil, wird der Balsam fester. Erhöht man umgekehrt den Lösemittelanteil, wird der Balsam flüssiger, um ihn mit dem Pinsel verstreichen zu können. Wenn man der Mischung noch 20 % Leinölfirnis hinzugibt, dann erhöht sich, wie oben schon bemerkt, die Belastbarkeit der gewachsten Holzflächen.

Anwendung
Die Mischung wird mit einem Pinsel auf die glatte Holzfläche aufgetragen. Nach einigen Tagen ist die Wachsschicht getrocknet und kann bei Bedarf nachpoliert werden, um den Glanz zu erhöhen.

Zuerst wird das Bienenwachs im Wasserbad geschmolzen.

Die noch flüssige Mischung wird jetzt in Blechdosen abgefüllt.

Nun wird das Balsamterpentinöl vorsichtig hinzugefügt und durch Rühren intensiv mit dem flüssigen Wachs vermischt.

Eine Büchse des selbstgefertigten Bienenwachsbalsams.

Holzschutz im Innenbereich

Echtholztische und Holzfußböden sollte man vornehmlich wachsen. Lackierte Tische sind weder etwas für das Auge noch für den praktischen Gebrauch.

> Wachse für Holz lassen sich sowohl auf Lösungsmittelbasis oder Ölbasis als auch auf Wasserbasis herstellen.

Wachsmischungen auf Terpentingrundlage führen zu einer stärkeren Farbausprägung des Holzes, als es bei wasserbasierten Wachsen der Fall ist. Ansonsten ergeben sich keine Unterschiede. Der Anteil an Wachs sollte auf jeden Fall nicht zu hoch sein, weil der Holzschutz sonst nicht vollends ins Holz einzieht, sondern auf der Oberfläche verbleibt und dort mit Bürsten entfernt werden muss. Empfehlenswert ist es, vor der beabsichtigten komplexen Holzpflege auf einer kleineren, außerhalb des Sichtbereiches liegenden Fläche einen Probeauftrag vorzunehmen. Erfüllt diese Probe die eigenen Erwartungen, dann kann die gesamte Fläche behandelt werden.

Als natürliche Wachse kommen vor allem Bienenwachs und Carnaubawachs in Frage. Beide Wachse lassen sich in Terpentin auflösen. Wird Leinölfirnis auf etwa 90 °C erwärmt, kann man das Wachs direkt darin lösen. Wie schon mehrfach an anderer Stelle erwähnt, ist Bienenwachs relativ weich, Carnaubawachs hingegen sehr hart. Durch passendes Mischen kann man die Härte der fertigen Mischung variieren. Carnaubawachs bringt Glanz und Glätte auf die behandelten Flächen.

> Bei Fußbodenbehandlungen darf man wegen der Rutschgefahr nicht zu viel Carnaubawachs verwenden.

Lösemittelfreier Wachsbalsam – Rezept 1

Das im Folgenden beschriebene Ölwachs ist ein Hartwachs und eignet sich für die Behandlung von weniger stark beanspruchten Möbeln und Verkleidungen aus Holz im Innenbereich.

Meist reicht schon ein einmaliger Auftrag mit einem Lappen. Es bleibt aber jedem selbst überlassen, vielleicht auch noch einen zweiten, dünnen Anstrich zu machen, für den man wegen der festen Konsistenz des Ölwachses vorzugsweise wieder einen Lappen verwendet.

Wegen des Wachsgehaltes hinterlässt dieses Ölwachs einen seidigen Glanz auf der Holzoberfläche.

> Der Wachsgehalt verzögert auch die Trocknung, die drei oder vier Tage betragen kann.

Beim Auftragen des Ölwachses verbleibt wie bei anderen Anstrichen auch ein Rest auf der Oberfläche. Man nennt das Überstand, der entfernt werden muss.

Meist geschieht das unmittelbar nach dem Auftragen.

Bei diesem Ölwachs ist es nicht so eilig. Es reicht, wenn man es erst drei bis vier Stunden danach entfernt.

Wegen der hohen Wachsanteile besitzt das Ölwachs eine dickflüssige Konsistenz. Im kalten Zustand lässt es sich deshalb nicht so einfach mit dem Pinsel auftragen. Um diesem Umstand entgegenzuwirken, kann man es im Wasserbad etwas erwärmen, was das Auftragen ungemein erleichtert, oder man nimmt, wie oben schon erwähnt, einen Lappen zum Auftragen.

Eine weitere Möglichkeit besteht darin, den Wachsanteil bei der Herstellung zu halbieren, wodurch sich jedoch auch die Vorteile des Wachses entsprechend reduzieren.

Zutaten
200 g Leinölfirnis
8 g Bienenwachs
4 g Carnaubawachs

Herstellung
Das Öl muss auf etwa 90 °C erhitzt werden, danach wird das Wachs hinzugegeben und im Öl vollständig aufgelöst. Beim Abkühlen sollte ständig gerührt werden.

Die Mengen sollten möglichst genau eingehalten werden, denn durch geringe Änderungen des Wachsgehaltes ändert sich die Viskosität stark, wie oben schon angesprochen wurde.

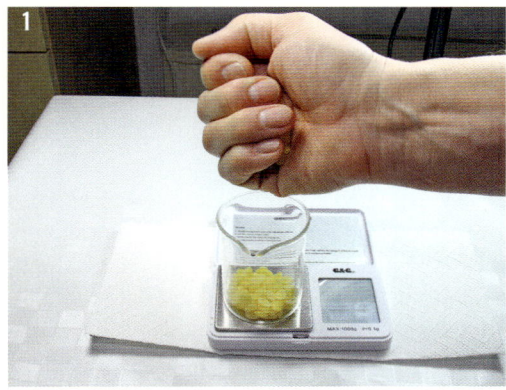

Die Anteile an Wachs müssen genau, nach eigenen Vorstellungen der Viskosität des späteren Wachses, gewogen werden. Hier wird der Bienenwachsanteil festgelegt.

Zuerst wird das Leinölfirnis in der Schmelzschale, die im Wasserbad steht, auf 90 °C erhitzt. Ein Thermometer ist für alle dieser Arbeiten unerlässlich.

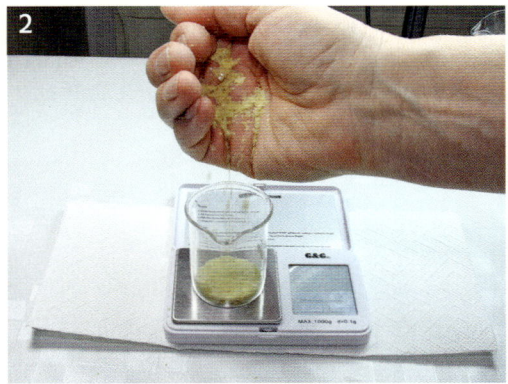

Analog zum Bienenwachsanteil, muss auch die Menge des verwendeten Carnaubawachses stimmen.

Nun wird dem heißen Leinölfirnis das Carnaubawachs hinzugefügt.

Hinzufügen des Bienenwachses zur Leinölfirnis-Carnaubawachs-Mischung

Die flüssige und heiße Mischung des Ölwachs-balsams wird am Ende in Büchsen abgefüllt.

Lösemittelhaltiger Wachsbalsam – Rezept 2

Zutaten
25 g Carnaubawachs
50 g Bienenwachs
150 ml Balsam-terpentin

Zubereitung
Zuerst werden die Wachse im Wasserbad geschmolzen. Danach wird das Gefäß mit den flüssigen Wachsen von der Wärmequelle genommen. Darauf achten, dass kein offenes Feuer in der Nähe ist. Nun das Balsam-terpentin unter ständigem Rühren ins flüssige Wachs geben. Da es anfangs etwas ausflockt, wird der Behälter noch einmal in ein mäßig heißes Was-serbad gestellt, das auf keiner offenen Feuerstelle stehen darf. Sobald die Masse flüssig ist, kann sie in Dosen abgefüllt werden.

Anwendung
Das Holz sollte vor der Behandlung mit dem Wachsbalsam mit Öl gestri-chen werden, da der Balsam nicht ausreichend vor dem Eindringen von Wasser schützt. Den Wachsbalsam trägt man mit einem Lappen dünn auf die zu behandelnden Holzflächen auf. Nach etwa 30–60 Minuten kann man die behandelten Flächen bereits polieren. Es kann aber auch später poliert werden. Der Glanz ist beeindruckend.

Von links nach rechts die drei abgemessenen Zutaten des ölfreien Wachsbalsams: Carnauba-wachs, Bienenwachs und Balsamterpentinöl.

Zuerst werden die beiden Wachse in die Schmelzschale gefüllt.

Die Schmelzschale mit den beiden Wachsen wird nun ins Wasserbad gehängt, das auf einer Heizquelle steht.

Die Mischung wird durch Rühren homogenisiert und nochmals ins Wasserbad gestellt, um sie erneut zu verflüssigen.

Das Verflüssigen der Wachse benötigt etwas Zeit, insbesondere wegen der relativ hohen Schmelztemperatur des Carnaubawachses.

Abfüllen des flüssigen Wachsbalsams mittels Trichter in Blechdosen

Nun kann das Balsamterpentin hinzugefügt werden. Da es nur Zimmertemperatur aufweist, erstarrt ein Teil des Wachsgemischs sofort.

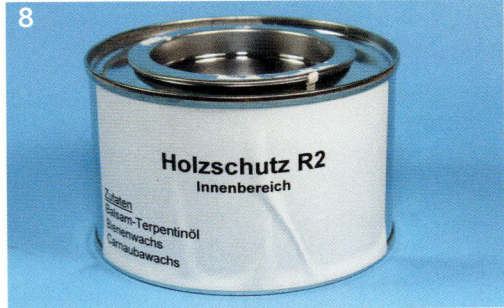

Auch hier, wie bei allen Produkten, muss auf der Verpackung sichtbar werden, was sich darin befindet.

Möbelpaste – Rezept 3

Zutaten
300 g Olivenöl oder Jojobaöl
150 g Kokosnussöl
90 g Bienenwachs
90 g Carnaubawachs
540 g destilliertes Wasser

Zubereitung
Das Wachs und die Öle werden im Wasserbad bei kleiner Hitze so weit erwärmt, dass sie schmelzen. Anschließend wird das destillierte Wasser unter ständigem Umrühren hinzugefügt, bis eine cremige Konsistenz erreicht ist. Das überschüssige Wasser wird abgegossen und die Masse nochmals erwärmt, dabei darf das Gemisch aber nicht erneut verflüssigt werden.

Anwendung
Mit einem Spatel wird ein wenig dieser Masse auf ein weiches Tuch gegeben und damit werden die hölzernen Möbelteile dünn eingerieben, bis alles gut vom Holz aufgenommen wurde. Danach kann man die Holzteile entweder mit einem Lappen oder einer nicht zu harten Bürste bearbeiten, bis sie einen matten Glanz aufweisen.[16]

Möbelpflegemittel – Rezept 4

Zutaten
2 mal 450 ml Wasser
100 g Pottasche
200 g Bienenwachs

Zubereitung
450 ml Wasser und die 100 g Pottasche werden zum Kochen gebracht. Diesem Gemisch wird unter ständigem Rühren das Bienenwachs hinzugefügt und dadurch geschmolzen. Anschließend werden die restlichen 450 ml Wasser hinzugegeben und der Inhalt so lange gerührt, bis eine milchfarbige, gleichmäßige Emulsion entstanden ist.
    Diese wird in Büchsen oder Gläser abgefüllt. Man kann sie dann im kalten Zustand wie jede handelsübliche Möbelpolitur verwenden.[17]

Möbelwachs – Rezept 5

Zutaten
10 Teile Bienenwachs
1 Teil Carnaubawachs
10 Teile Balsamterpentin

Zubereitung
Das Bienenwachs im Wasserbad schmelzen, dann das Carnaubawachs dazugeben und zuletzt nach und nach das Balsamterpentin einrühren. Auf keinen Fall mit offener Flamme arbeiten, da Balsamterpentin leicht brennbar ist.

Verwendung
Zum Wachsen von Echtholzmöbelstücken.

[16] Oliver Neumeyer
[17] Spürgin, Die Honigbiene

Fußboden- und Möbelwachs – Rezept 6

Zutaten
250 g Bienenwachs
50 g Carnaubawachs
700 ml Terpentin-ersatz

Zubereitung
Bienen- und Carnaubawachs werden zusammen mit dem Terpentiner-satz auf einer geschlossenen Wärmequelle (Elektrokochplatte o. Ä.) erwärmt. Ist das Wachs geschmolzen, wird die Mischung bis zum Erkalten weiter gerührt und anschließend in kleinere Gefäße gefüllt.

Dickflüssige Holzpflege – Rezept 7

Zutaten
500 g Leinöl
50 g Bienenwachs
25 g Carnaubawachs

Zubereitung
Leinöl, Bienen- und Carnaubawachs werden im Wasserbad langsam erwärmt, bis alles verflüssigt ist. Dann von der Wärmequelle nehmen und in verschließbare Blechdosen füllen.

Verwendung
Da es sich um eine relativ dickflüssige Paste handelt, empfiehlt es sich, diese vor der Verwendung im warmen Wasserbad etwas weicher zu machen. Dann kann die weiche Paste mit einem Tuch aufgenommen und auf den Holzflächen eingerieben werden.

Nach dem Antrocknen poliert man mit einem fusselfreien Tuch oder einer weichen Bürste nach.

Flüssige Holzpflege – Rezept 8

Zutaten
500 g Leinöl
25 g Bienenwachs
7 g Carnaubawachs

Zubereitung
Alle drei Ingredienzien werden im Wasserbad allmählich geschmolzen.

Verwendung
Anders als dickflüssige Holzpflegemittel benötigt dieses kein nachträgliches erneutes Erwärmen, sondern kann gleich mit einem fusselfreien Tuch aufgenommen und in das Holz eingerieben werden. Mit einem Pinsel kann diese dünnflüssige Mischung ebenfalls tiefgründig und gut verarbeitet werden. Auch hier kann das Holz anschließend mit einem Tuch oder einer Bürste nachbearbeitet werden, bis es einen matten Glanz hat.

Möbelpolituren

Rezept 1

Zutaten
300 g Bienenwachs
0,55 l reines Ter-
pentin (preiswerte
Alternative ist Bal-
samterpentin)
Möchte man eine
härtere Politur her-
stellen, nimmt man
60 g Bienenwachs
weniger und gibt
stattdessen 60 g
Stearin oder 30 g
Carnaubawachs
hinzu.

Zubereitung
Die Wachse werden zerkleinert und im Wasserbad zusammen geschmol-
zen. Der Schmelztopf wird von der Heizquelle genommen und das
Terpentin wird eingerührt. Naturreines Terpentin ist zwar teuer, aber es
macht die Politur wohlriechend und die Politur lässt sich leichter an
Antiquitätenliebhaber und Restauratoren verkaufen.

> Eine preiswertere Politur lässt sich mit der gleichen Menge Balsam-
> terpentin herstellen.

Rezept 2

Man kann auch Möbelpolituren mit Zitronenöl, Leinöl und anderen Ölen herstellen. In diesem
Rezept wird die Herstellung mit Zitronenöl beschrieben. Um eine leicht zu verarbeitende Wachspaste
herzustellen, werden etwa die gleichen Teile Bienenwachs und Zitronenöl verwendet.

Zutaten
20 Teile Bienen-
wachs
20 Teile Zitronenöl

Zubereitung
Das Bienenwachs wird im Wasserbad geschmolzen und von der Heizquelle genommen. Dem flüssigen Wachs fügt man nun die gleiche Menge
Zitronenöl hinzu. Die Mischung wird in verschließbare Dosen gegeben
und abgekühlt.

Rezept 3

Zutaten
100 g Bienenwachs
100 ml Terpentinöl
100 ml Leinöl

Herstellung
Alle drei Zutaten werden getrennt in Wasserbädern erwärmt bzw. verflüssigt, anschließend zusammengemischt und durch Rühren sehr gut
miteinander vermengt. Dann gießt man die Mischung in Gläser mit weiter Öffnung oder in Kunststoffflaschen. Das Endprodukt ist von gelb-
brauner Färbung und halbflüssig.

Rezept 4

Dieses Rezept zur Herstellung einer cremigen Möbelpolitur ist schon sehr alt.

Zutaten

225 g **Bienenwachs**
1.000 ml **reines**
Terpentinöl
25 g **zerkleinerte**
Kernseife
1.000 ml **destillier-**
tes Wasser

Zubereitung

Das Bienenwachs wird im Wasserbad verflüssigt, anschließend von der Hitze genommen und mit dem Terpentinöl vermischt. In der Zwischenzeit hat man das destillierte Wasser erhitzt und die Seife darin aufgelöst. Die Seifenlösung wird anschließend sehr langsam unter ständigem Rühren dem Wachs-Öl-Gemisch beigemengt. Die Mischung sollte eine Emulsion sein und wird in Gläser abgefüllt.

Rezept 5

Zutaten

30 % **Bienenwachs**
20 % **Leinölfirnis**
50 % **Terpentinöl**

Zubereitung

Zuerst wird das Bienenwachs in einer im Wasserbad stehenden Schüssel geschmolzen und anschließend mit dem Leinölfirnis und dem Terpentinöl durch Rühren gründlich vermischt. Die entstandene Mischung füllt man in Dosen ab.

> Wenn ein festeres Endprodukt gewünscht wird, erhöht man den Wachsanteil in der Mischung.

Verwendung

Die Bienenwachspolitur eignet sich hervorragend für die Restauration und Auffrischung von Alt- und allen Echtholzmöbeln.

Holzfüller und -ausbesserer

Holzfüller – Rezept 1
Man nimmt fünf bis sieben Wachsproben in den Farben hellgelb bis dunkelbraun. Es ist empfehlenswert, dass man sich ebenso viele, also fünf bis sieben, Schöpflöffel besorgt, in denen jeweils Wachs einer Farbe mit der gleichen Menge Kolophonium geschmolzen wird. Die Schöpfkellen hängt man, wenn möglich, über dem Arbeitstisch an der Wand zum Abkühlen auf, wo sie bis zur Verwendung verbleiben. Je nach Farbe des zu bearbeitenden Holzes wird der entsprechende Schöpflöffel heruntergenommen und das Wachs leicht erwärmt. Der Schöpfkelle wird soviel Wachs entnommen, wie zum Füllen von Rissen usw. benötigt wird.

Holzfüller – Rezept 2
Wenn ein Imker seit mehreren Jahren Bienen besitzt und Wachs erntet und verarbeitet, dann besitzt er auch Wachs in mehreren Farbabstu-

fungen von Hellgelb bis Braun. Unter diesem breiten Farbspektrum findet man die passende dunkle Farbe.

Das Wachs wird erwärmt und, im Gegensatz zu Rezept 1, ohne weitere Zugaben in die Löcher versenkter Schrauben- oder Nagelköpfe gedrückt.

> Man kann die Farbe des Wachses auch durch Zugabe geeigneter Wachsfarben genau der Holzfarbe anpassen.

Ich kenne einen Jagdausstatter, der Lampen aus Hirschgeweih anfertigt. Beim Zusammenbau der Geweihstangen verwendet er spezielle Stifte, die im Horn etwas versenkt werden müssen. Diese kleinen Vertiefungen werden mit dunklem Bienenwachs verschlossen und sind danach nicht mehr sichtbar.

Ein heller Wachsbarren, der sich für die Arbeit mit hellen Hölzern eignet.

Mit dem dunklen Wachs lassen sich Nagel- und Schraubenlöcher dunklerer Hölzer verschließen.

Baumwachs

Manchmal ist es notwendig, bei dem einen oder anderen Baum auch mal einen größeren Ast abzusägen, weil dieser etwa zu nah ans Haus oder auch über die Grundstücksgrenze ragt. Dann muss die Schnittfläche verschlossen wer-den, um eine optimale Wundverheilung zu gewährleisten. Dafür verwendet man Baumharz. Dieses besteht meist aus einer Mixtur mit den Hauptbestandteilen Wachs und Harz. Es hat in der Regel eine dickflüssige Konsistenz.

Baumwachs – Rezept 1

Zutaten

100 g ausgelasse-nes Bienenwachs
100 g ausgelassener Rindertalg
300 g Fichtenharz
50 ml Branntwein-spiritus

Zubereitung

Bienenwachs, Rindertalg und das Harz werden in einem alten Topf lang-sam verflüssigt. Anschließend alles von der Heizquelle nehmen, etwas abkühlen lassen und dann den Spiritus hinzufügen und alles intensiv ver-rühren. In noch flüssigem oder halbflüssigem Zustand wird das Wachs in Dosen oder Gläser abgefüllt.

Baumwachs – Rezept 2

Zutaten

500 g Fichtenharz (auch Burgunder-harz genannt)
80 ml Weingeist

Zubereitung

Das Fichtenharz langsam im Wasserbad verflüssigen, den Topf aus dem Wasserbad nehmen, etwas abkühlen lassen und den Weingeist langsam unter intensivem Rühren untermischen.

Fichtenharz bekommt man im Internethandel. Preiswerter ist es beim Förster zu bekommen, der einem auch sagen kann, an welchen Bäumen sich Harzgallen befinden, die man entfernen kann. In diesem Harz gibt es dann zwar noch kleinere Verunreinigungen und Borkensplitter, die man durch Erwärmen des Harzes jedoch entfernen kann. Das kaltflüs-sige Baumwachs kann man in verschlossenen Dosen oder Gläsern auf-bewahren.[18]

[18] Hausgarten.net

Autowachs herstellen

Auch moderne Autolacke altern, wenn sich in den kleinen Kratzern und Mikrorissen der oberen Lackschicht winzige Schmutzpartikel festsetzen. Die einst strahlende Farbe wird dann von einem Grauschleier überzogen. Abhilfe schafft nur eine gründliche Lackpflege mit anschließender Politur.

Autowachse und Autopolituren dienen der Pflege und dem Schutz des Lackes vor Abstumpfung und Zerstörung. Auf dem Markt gibt es eine Vielzahl von solchen Pflegemitteln, die sich preislich und qualitativ stark voneinander unterscheiden. Viele Marken-Pflegemittel versprechen mehr, als sie halten können. Das verwundert nicht, wenn man die Bestandteile analysiert.

Carnaubawachs nimmt dabei eine Schlüsselrolle ein. Je höher der Anteil dieses Wachses ist, desto höher ist auch die Schutz- und Pflegewirkung für das Auto.

Um den Lack wieder zum Glänzen zu bringen, sind in vielen Wachsen und Polituren feine Schleifkörper enthalten. Dabei wird die oberste, kaputte Lackschicht abgeschliffen und die darunterliegende Lackschicht aufpoliert. Aber wie man ja weiß, ist die Stärke der Lackschichten begrenzt, das heißt, dass nach mehreren Schleif- und Poliervorgängen der Lack so weit zerstört sein kann, dass im Extremfall eine Neulackierung nötig wird.

Das nachstehende Rezept für ein Autowachs enthält keine Schleifmittel, deshalb kann es bedenkenlos für sämtliche Lackierungen verwendet werden, selbst bei Neuwagen.

Die mit verschiedenen natürlichen Inhaltsstoffen bereicherte Carnauba-Rezeptur verleiht dem Lack einen tiefen, einzigartigen Glanz, der einfach begeistert. Während dieses Wachs über 40 % Carnaubawachs enthält, enthalten im Handel erhältliche Autowachse lediglich zwischen 3 und 8 %.

Bei den letztgenannten Versiegelungen sind es Silikone, die den Glanz bewirken, aber diese verlieren schon nach kurzer Zeit ihre Wirkung. Das Wachs, das hier vorgestellt wird, behält aber seinen Glanz durch das harte Carnaubawachs und die mit ihm verarbeiteten natürlichen Öle.

Vor der Anwendung des Wachses muss die Lackoberfläche sehr gründlich gereinigt werden. Nur auf diese Weise kann sichergestellt werden, dass alte Wachsrückstände und Ablagerungen, wie Staub, Teer, Reste von Insekten, Insektenkot und andere Verunreinigungen, beseitigt sind. Erst wenn diese Grundvoraussetzung geschaffen ist, haftet das Wachs richtig auf der Lackoberfläche.

Vor dem Auftragen wird das Wachs in den Händen erwärmt, bis es leicht flüssig ist. Danach sollte man es dünn auf dem warmen Lack verstreichen. Anschließend stellt man das Auto am besten in die Sonne und lässt das Wachs etwa 15 bis 30 Minuten einwirken. Danach lässt man den Lack an einem schattigen Ort oder in der Garage abkühlen. Nun beginnt das Polieren. Am besten nimmt man dazu ein Baumwolltuch und poliert die groben Wachsbestandteile weg. Zuletzt geht man mit einem Mikrofasertuch darüber.

Trotz der positiven Erfahrungen vieler Anwender mit diesem Rezept betone ich ausdrücklich, dass ich für eventuelle Schäden am Fahrzeug keine Verantwortung übernehme.

Rezept

Zutaten

150 ml destilliertes Wasser (Menge von der gewünschten Konsistenz abhängig)

400 g Carnaubawachs

100 ml Kokosöl

100 ml Mandelöl

100 ml Jojobaöl

100 ml Macadamianussöl

100 ml Vanilleöl

50 ml Lecithin (Emulgator)

Diese Menge an Lecithin ist ausreichend, um mit dem destillierten Wasser die Konsistenz so zu verändern, dass ein weniger hartes, auftragbares Wachs entsteht.

Zubereitung

Bei der in den Bildern dargestellten Zubereitung wurde mit anderen Mengen gearbeitet, wobei die Proportionen erhalten blieben. Bei den Ölen wurde auf Vanilleöl und Macadamianussöl verzichtet, stattdessen wurde der Mandel- und Kokosölanteil erhöht. Als Duftkomponente wurde ätherisches Lavendelöl verwendet.

Zuerst schmilzt man das Carnaubawachs im Wasserbad. Danach werden die Öle unter Rühren und als letztes das Lecithin hinzugefügt. Alles zusammen erhitzt man auf ca. 85 °C und mischt danach destilliertes Wasser hinzu, bis die Konsistenz den Vorstellungen entspricht. Das ist ein wenig aufwändig, weil man ja immer wieder Wasser nachfüllen muss und das Gemisch gegebenenfalls noch mal erwärmen muss. Das fertige Produkt erscheint recht fest, wird bei Körpertemperatur aber knetbar.

Die Karosserie des Autos sollte zum Wachsen aufgewärmt sein. Dann wird das Wachs dünn und gleichmäßig, je nach Konsistenz, aufgetragen, wobei es allerdings nicht zu weich sein darf. Anschließend lässt man das Fahrzeug einige Zeit an einem warmen Ort bzw. in der Sonne stehen, damit das Wachs auch in die feinsten Lackporen eindringen kann. Es besitzt ja keine synthetischen Bestandteile, die auf Wärme und insbesondere auf die Sonne reagieren können. Anschließend wird mit einem weichen Tuch poliert. Das kann einige Zeit dauern, dafür werden Sie vom Ergebnis begeistert sein.

Abwiegen der benötigten Menge an Carnaubawachs

Die Menge des benötigten Fluidlecithins CM wird im Laborglas erfasst. Dadurch ist eine homogene Mischung der Wachse und Öle mit dem destillierten Wasser möglich.

Schmelzen des Carnaubawachses
im Wasserbad

Als Duftstoff werden 20 Tropfen ätherisches
Lavendelöl hinzugegeben.

Das Carnaubawachs ist verflüssigt.
Nun können die Öle hinzugefügt und
miteinander vermischt werden.

Die Mischung wird jetzt nochmals gründlich
verrührt und dann abgefüllt.

Unter ständigem Umrühren werden die Öle
und der Emulgator dem Carnaubawachs beigemengt. Anschließend wird destilliertes
Wasser hinzugefügt und intensiv mit der
Masse vermischt.

Abgefüllt in dicht schließenden Gläsern oder
Dosen hält sich das Autowachs mindestens
ein Jahr.

Konservierung von Bodenfunden

Wachse dienen auch der Konservierung von Bodenfunden. Solche Bodenfunde bspw. aus Eisen werden erst nach der Reinigung, zum Beispiel durch Elektrolyse, Bürsten, Säurebehandlung etc., wieder ansehenswert. Dabei scheint die Elektrolyse die beste Reinigungsvariante zu sein.

Nach den restlichen Behandlungen müssen diese teils wertvollen historischen Funde konserviert werden. Vielfach wird dem Bienenwachs für die Konservierung der Vorzug gegeben. Dazu muss das Wachs in einem großen, alten Gefäß auf mindestens 150 °C erhitzt und geschmolzen werden. Wenn das Bienenwachs eine Temperatur von 150 oder 160 °C erreicht hat, wird der Metallteil in das Wachs gelegt. Er verbleibt dort so lange, bis er ebenfalls eine Temperatur von 150–160 °C aufweist. Anschließend nimmt man ihn aus dem Wachs, lässt ihn abtropfen und erkalten.

Überzugs- und Trennmittel in der Lebensmittel-industrie

Bienen- und Carnaubawachs werden in der Lebens- und Süßwarenindustrie als Zusatzstoffe für Überzugsmittel eingesetzt. Indem man sie zum Überziehen von Süßwaren, Knabbereien, Nüssen, Kaffeebohnen oder auch für die Oberflächenbehandlung von Zitrusfrüchten, Melonen, Äpfeln, Birnen und Ananas (EFSA, 11/2007) verwendet, bewahrt man die Waren vor Geruchs-, Geschmacks- und Feuchtigkeits-

Ein Beispiel von vielen liefert dieser Süßwarenhersteller, dessen Produkte mit Bienen- und Carnaubawachs überzogen werden.

verlusten. Manchmal dienen Wachse auch als Glanzverstärker und sie halten zudem die Produkte länger frisch. Sehr häufig dienen sie auch als Trennmittel bei der Produktion von formgebenden Werkzeugen.

Für diese Wachse gibt es EU-weit einheitliche Codes

- E 901 Bienenwachs, weiß und gelb – natürliches, unbedenkliches Überzugsmittel
- E 902 Candelillawachs – Überzugsmittel, wird aus einem mexikanischen Wolfsmilchgewächs gewonnen, gilt als unbedenklich
- E 903 Carnaubawachs – gilt als unbedenklich

Wachstafeln und Wachstafelbücher

Wachstafel mit Griffel
(Foto: Wiki/Magnus Manske)

Wachstafeln wurden schon sehr früh von den Römern und Griechen benutzt. Ihre lateinische Bezeichnung lautet *Tabula cerata*. Die Wachstafel sowie das dazu passende Schreibgerät, der Griffel, galt im Altertum als geschäftliche Standardausrüstung: Die Schreibtafel konnte sich in der Antike als optimale Schreibfläche für einfache Notizen verbreiten. Die wechselvolle Geschichte des römischen Reiches wäre wohl in der Dunkelheit verschwunden, würden nicht bis heute erhalten gebliebene Wachstafeln Zeugnis über ihre Kultur ablegen.

Die erste Erwähnung von Wachstafeln im 5. Jahrhundert v. Chr. geht auf den Historiker Herodot zurück. Man verwendete sie für Aufzeichnungen vieler Art.

Da die Wachstafelbücher verschließ- und versiegelbar waren, konnte man sie als Brief befördern lassen. Man hat noch viele Wachstafeln im Original gefunden, so zum Beispiel in Pompeji mit Aufzeichnungen eines Geldverleihers.

Im Mittelalter verwendete man sie teilweise, um Namenslisten zu erstellen, die in den Kirchen aufgestellt wurden, um der Verstorbenen zu gedenken.

Die Rahmen der Wachstafelbücher waren überwiegend aus Holz, oder bei wohlhabenderen Besitzern aus Edelmetallen gefertigt. Die in den Rahmen liegenden Tafeln aus Holz oder Schiefer wurden mit Wachs beschichtet. Um diese Wachsschicht nicht zu beschädigen, klappte man zwei oder drei Tafeln, die durch Lederbänder als Scharnier gehalten wurden, zusammen.

Beschrieben wurden die Wachstafeln mit dem so genannten Stilus, eine Art Holzgriffel, dessen Rückseite häufig eine spachtelförmige Form besaß. Mit dieser Spachtelrückseite konnte man die Wachsfläche, nachdem man die Information gelesen hatte, wieder glatt streichen.

Ein Wachstafelbüchlein aus dem Bremer Landesmuseum für Kunst- und Kulturgeschichte

Herstellung von Wachstafeln

Um Wachstafeln zu beschichten, verwendete man Bienenwachs, dem man verschiedene Zusatzstoffe beimengte, damit es im Sommer nicht so schnell schmolz. Zur Anwendung kamen vor allem Terpentin, Talg, Baumharz und auch Holzteer.

Analysen ergaben, dass die Mischung überwiegend wie folgt aussah:

- 80 % Bienenwachs
- 10 % Kiefernharz
- 10 % Ruß

Man färbte das Wachs dunkel, das geschah vorwiegend durch Ruß, der dem Wachs eine schwarze Färbung verlieh. Aber auch andere natürliche oder mineralische Farbstoffe wurden dafür verwendet, ganz nach Farbgeschmack des Anwenders.

Heute ist die Verwendung einer Schreibtafel inklusive Griffel nicht mehr unbedingt notwendig.

Nicht erst seit der industriellen Herstellung von Papier, welches sich als praktischer erwiesen hat, wurde die Wachstafel als wichtigstes Medium verdrängt.

Allerdings erfreuen sie sich nach wie vor einer gewissen Beliebtheit. Vor allem Personen, die sich für die antiken Kulturen interessieren, verwenden auch heute Schreibtafeln. Das Diptychon, eine römische doppelte Wachstafel, galt bei den Griechen und Römern als praktisches Notizbuch und kann als solches auch heute noch eingesetzt werden.

Wichtige Tipps

Wasserränder auf Möbeln beseitigen

Wasserränder auf Möbeln beseitigen

Verunreinigungen durch Kerzenwachs

Wachsflecken entfernen

Sind auf Holzflächen, vornehmlich auf Tischplatten aus Massivholz, Wasserränder entstanden, dann lassen sich diese wie folgt beseitigen:

Bienenwachs dünn auftragen und mit einem Haartrockner oder Heißluftgebläse verflüssigen. Dadurch dringt das Wachs in die Holzoberfläche ein und die Wasserränder werden unsichtbar. Nachdem man einige Stunden pausiert hat, poliert man die Stelle noch mit einem Tuch nach. Analog dazu lassen sich auch Flecken, die durch Absetzen von heißem Geschirr entstanden sind, entfernen. Das geht alles wohlgemerkt nur auf Tischen aus Massivholz, die lasiert und gewachst, aber keinesfalls lackiert sind.

Verunreinigungen durch Kerzenwachs

Auf keinen Fall sollte man harte und spitze Gegenstände zum Entfernen von Wachs einsetzen. Stattdessen mit einem Fön das Kerzenwachs erwärmen, bis es gerade anfängt zu schmelzen. Dann sofort mit einem weichen, saugfähigen Lappen aufnehmen. Anschließend mit Essigwasser abwischen.

Wachsflecken entfernen

Jede Hausfrau wird schon einmal unliebsame Erfahrungen mit Wachsflecken auf dem Teppich, Läufer oder auf Auslegware gemacht haben.

Auch Tischdecken sind häufig Opfer tropfender Kerzen.

Wachse wieder spurlos zu entfernen, ist fast unmöglich. Aber man kann sie mit einiger Sorgfalt und gewissem Zeitaufwand nahezu „unsichtbar" machen.

Ehe man versucht, das Wachs zu entfernen, sollte man es erkalten lassen. Ist es eine Tischdecke oder ein Läufer, dann kann man ihn auch zum Kühlen in die Tiefkühltruhe legen. Danach entfernt man zuerst das obenauf sitzende Wachs mit einer glatten Messerklinge, indem man es vom Textil abhebt und anschließend vorsichtig abkratzt. Im tiefgekühlten Zustand geht das wirklich erstaunlich gut. Gegebenenfalls muss man noch mal nachkühlen. Zuletzt nimmt man Reinigungsbenzin, das sowohl die Wachsreste als auch die Farbe löst. Mit einem Tuch reibt man das Wachs gründlich aus, aber nicht zu stark, um das Gewebe nicht zu zerstören oder sichtbare Stellen zu schaffen, die auf die Reinigung zurückzuführen sind. Es gibt aber keine Garantie für den absoluten Erfolg, weil jedes Gewebe anders ist.

Literaturnachweis

Arnold, A.: Kerzen und Figuren aus Bienenwachs. Econ Taschenbuch Verlag München 1985.

Berthold, R.: Beeswax and its many uses including. Doylestown: Candle Making Daleware Valley College, PA 1986.

Bieneninstitut Kirchhain: Arbeitsblatt 505 – Rund um das Bienenwachs. Bieneninstitut LLH, Kirchhain 2005.

Bonney, D.: Making molded candles. In: Gleanings in bee culture 120/10, 1992, S. 570–572. Medina, Ohio, USA.

Bort, Rosemarie: Honig, Pollen, Propolis. Franckh-Kosmos-Verlags-GmbH & Co KG, Stuttgart 2010.

Doleschalek, Petra: Kosmetik selbst gemacht. Anaconda Verlag GmbH, Köln 2008.

Eigenverlag: Die schönsten Kerzenideen. Frechverlag GmbH, Stuttgart 2009.

Europäische Behörde für Lebensmittelsicherheit – EFSA: Bienenwachs (E 901) als Überzugsmittel und Trägerstoff für Aromen. Gutachten des wissenschaftlichen Gremiums für Lebensmittelzusatzstoffe, Aromastoffe, Verarbeitungshilfsstoffe und Materialien, die mit Lebensmitteln in Berührung kommen (AFC) Parma 2007.

Heim, Caren/Gisela: Frühlingskerzen. Frechverlag GmbH, Stuttgart 2001.

Helmbold, Susanne: Kerzen gießen und verzieren. Tosa Verlag, Wien 2004.

Krochmal, A.: A brief history of beeswax and some uses. In: American bee journal 127/3, 1987, S. 176–177.

Krochmal, A.: Beeswax wood polish. In: American bee journal 129/10, 1989, S. 655–656.

Krochmal, C.: Dyeing with colored beeswax. In: American bee journal 133/10, 1993, S. 707–708.

Kunkel, Annette/Natalie: Kerzen verzieren. Frechverlag GmbH, Stuttgart 2007.

Kunkel, Annette/Natalie: Kerzen für Familienfeste. Frechverlag GmbH, Stuttgart 2011.

Lehnherr, B.: Kerzengießen. In: Schweizerische Bienenzeitung 115/12, 1992, S. 739–740.

Luciow, Johanna/Kmit, Ann/Luciow, Loretta: Eggs beautiful – How to make Ukrainian Easter Eggs. Ukrainian gift shop, Minneapolis 1975.

Lührs, Klaus-P.: Formen selbst gemacht. Cleartec Trend-Design-GmbH, Lindenberg 2010.

Nowottnick, Klaus: Bienenwachs. Leopold-Stocker-Verlag GmbH, Graz 1994.

Oberriser, Wolfgang: Imkereiprodukte. Leopold-Stocker-Verlag GmbH, Graz 2001.

Online-Forum: Herstellung von Autopolitur. http://pf31.pappenforum.de/board117-technik-pflege/board120-pflege-konservierung/6234-hochwertiges-autos-wachs-selbst-herstellen/ [2006]. Abrufdatum November 2011

Online-Forum: Lackversiegelung nach Vorbild von Zwizöl & Co. Http://w201.com, [2005]. Abrufdatum November 2011

Paul, Sandra Ann: Kosmetik selbermachen. www.meinekosmetik.de, [2001]. Abrufdatum Dezember 2011

Pedevilla, Pia: Kerzen zum Geburtstag. Frechverlag GmbH, Stuttgart 2010.

Recker, Heinz/Miller, Franz/Zimmermann, Stephan: Kerzen – Wachswaren – Aus der Praxis für die Praxis. Bayerische Wachszieher Innung – Bundesinnung – Augsburg. Schroff Druck und Verlag GmbH, Augsburg , 2005

Röhr, Heidrun/Hans: Kerzen selbst gestalten. Frechverlag GmbH, Stuttgart 2006.

Scruby, J. T. W.: Winning wax. In: Gleanings in bee culture 116/1, 1988, S. 39–43.

Spürgin, A.: Wärmeseparierung von Deckelwachs. In: Adiz 27/7, 1993, S. 30–31.

Spürgin, A.: Altwabenrecycling. In: Adiz 27/10, 1993, S. 6–7.

Spürgin, Armin: Bienenwachs. Eugen Ulmer KG, Stuttgart 2010.

Stangaciu, Stefan/Hartenstein, Elfi: Sanft heilen mit Bienenprodukten. Karl. F. Haug Verlag, Stuttgart 2004.

Weber, Vinzenz: Das Wachsbuch. Franz Ehrenwirth Verlag GmbH & Co KG, München 1998.

White, Elaine C.: Soap recipes. Valley Hills Press, Starkville 1995.